高职高专"十三五"规划教材
"互联网+"创新型精品教材

出纳实务项目化教程

主编　盛天松　唐文霞

江西高校出版社
JIANGXI UNIVERSITIES AND COLLEGES PRESS

图书在版编目(CIP)数据

出纳实务项目化教程 / 盛天松，唐文霞主编. —南昌:江西高校出版社,2019.8
ISBN 978-7-5493-8890-5

Ⅰ.①出… Ⅱ.①盛… ②唐… Ⅲ.①出纳—会计实务—教材 Ⅳ.①F231.7

中国版本图书馆 CIP 数据核字(2019)第 164815 号

出 版 发 行	江西高校出版社
社 址	江西省南昌市洪都北大道 96 号
总编室电话	(0791)88504319
销 售 电 话	(0791)88511423
网 址	www.juacp.com
印 刷	吉安市天利彩印有限公司
经 销	全国新华书店
开 本	787 mm×1092 mm 1/16
印 张	13.25
字 数	290 千字
版 次	2019 年 8 月第 1 版
	2019 年 8 月第 1 次印刷
书 号	ISBN 978-7-5493-8890-5
定 价	48.00 元

赣版权登字-07-2019-648

前　言

　　出纳工作是会计工作的重要组成部分,是每一个企业经济业务和会计核算的前沿阵地。在市场经济条件下,货币资金渗透到社会经济生活中各个领域,任何企业的经济收支活动都必须通过出纳人员进行现金及银行存款的收支来完成,这就要求出纳人员必须具备专业的操作技能,并严格遵从工作规则。同时,财政税收体制的进一步改革以及公共财政体系的不断完善,对出纳人员提出了更高的要求。为了适应当前出纳工作岗位的需要,培养学生的综合职业能力,我们组织了具有丰富教学经验的老师在社会用人单位中进行了广泛的调研,并在遵循学生心理和教学规律的基础上编写了本书。

　　本书有以下几个特点:

　　第一,内容全面。本书分为五个项目,分别为出纳岗位认知、出纳基础技能、现金结算业务、银行结算业务、出纳工作处理规范,基本涵盖了出纳人员必须掌握的基础知识和基本技能。

　　第二,体例新颖。本书以项目引领、任务驱动的形式编排,彻底打破了传统的编排模式。每个任务由"布置任务""相关知识""任务实施"组成,提高了学生自学、理解和实际动手操作能力,体现了"做中学、学中做"的教学理念。

　　第三,图文并茂。本书以一家公司的出纳业务为对象,将出纳业务流程中使用到的凭证单据,以大量的图、表形式呈现,不仅激发了学生学习的兴趣,也利于学生更快地掌握操作技能。

　　第四,时代性强。内容紧扣我国最新颁布的会计制度以及国家制定的新规定,力求与最新的财务制度、会计准则相一致,突出鲜明的时代特点。

　　本书可供高等院校的会计、财务管理、审计等经济管理类专业学生使用,也可用作企业会计人员上岗前的培训。

　　由于编者水平有限以及时间仓促,书中难免存在不足之处,欢迎广大读者批评指正。

编者
2019 年 7 月

目 录

项目一　出纳岗位认知

学 习 目 标

>> **知识目标**

了解出纳工作的对象和内容;理解出纳岗位的人员配备;掌握出纳的工作流程;明确出纳人员的素质要求。

>> **技能目标**

了解出纳岗位的工作流程,掌握出纳工作技能,努力成为一名合格的出纳人员。

任务一　出纳工作认知

一、布置任务

某高校会计专业应届毕业生林阳,在学校就业网站上看到了北京市鸿途有限责任公司拟招聘一名出纳的信息。林阳对该公司的情况做了一些了解后,准备去应聘。他的同学王楠告诉他,出纳就是管理现金的工作,很简单。林阳则认为,出纳工作是会计工作中的一个重要部分,并不像人们想象的那么简单。请谈谈你对出纳工作的认识。

出纳岗位认知

二、相关知识

（一）出纳工作的对象和特点

1 出纳工作的对象

出纳工作的对象就是各单位的货币资金运动，以及用货币形式表现的所有经济业务活动，主要表现在以下三个方面：

（1）货币资金的收入和付出

企业的基本经济活动是产品的生产经营活动。企业的生产经营过程可按流程分为供应、生产、销售三个阶段。经营资金投入企业以后，在生产经营过程中，随着供应、生产、销售过程的不断进行而不断改变其形态。以货币资金为起点，依次经过供应过程、生产过程、销售过程，分别转化为储备资金、生产资金、产品资金以及结算资金等各种不同形态，最后又回到货币资金形态，这一资金的运动变化过程称为资金循环。企业再生产的不断进行，引起资金连续不断地循环，这种循环称为资金周转。

从企业货币资金的收入和付出来看，企业生产出来的产品，通过销售收入，表现为货币资金进入单位。企业为了产品生产的正常进行，要组织原材料购买，必须支付一定数额的材料价款；为换取工人和管理人员的劳动要支付一定的工资；在生产经营过程中，还要支付其他费用。这些支付行为使企业的资金减少，表现为货币资金退出单位。同时，在生产过程中，企业由于扩大生产规模或季节性储备原材料、物资等，可能会追加投资或向银行及其他单位借入资金，引起货币资金收入；也会因偿还到期贷款、缴纳税款及其他费用，引起货币资金付出。

（2）货币资金的存入和提取

为了加强货币资金的管理，保证货币资金的安全与完整，按照《现金管理暂行条例》的规定，企事业单位、国家机关、社会团体、军队等对各项收入的现金，超过库存限额的部分或者超过坐支额度的部分，必须于当日存入开户银行。现金存入银行，就表现为单位现金减少、银行存款增加。

各单位在发放工资、薪金、津贴、补贴，支付差旅费以及未达到银行结算起点的零星支出等，需要支付现金时，可以从本单位库存现金限额中支付或从银行提取，不得从本单位的现金收入中直接支付（在坐支额度以内的部分除外）。

（3）货币资金的结存

货币资金收付频繁，是单位流动性最强的一项资产，因此出纳人员需及时结算出各单位在某一时点上库存现金和银行存款的余额，并负责其安全与完整。

由此可知，出纳的工作对象即记录、反映和监督所在单位货币资金的收入和付出、货币资金的存入和提取、货币资金的结存。也就是说，出纳的主要工作范围是停留在各单位货币形态的资金运动。

2　出纳工作的特点

（1）政策性

出纳工作是一项政策性很强的工作，其中的每一个环节都必须依照国家规定进行。例如，办理现金收付要按照国家现金管理规定进行，办理银行结算业务要根据国家银行结算办法进行。《会计法》《会计基础工作规范》等法规都把出纳工作并入会计工作，并对出纳工作提出了具体的规定和要求。出纳人员如不掌握这些政策法规，就做不好出纳工作；不按这些政策法规办事，就违反了财经纪律。

（2）专业性

出纳工作作为会计工作的一个重要部分，有着专门的操作技术和工作规则。凭证如何填，日记账怎样记都很有学问，就连保险柜的使用与管理也是有讲究的。因此，要做好出纳工作，工作人员一方面要经过一定的职业教育，另一方面也需要在实践中不断积累经验，掌握工作要领，并熟练使用现代化办公工具，做一名合格的出纳人员。

（3）时效性

出纳工作具有很强的时效性，何时发放职工工资，何时核对银行对账单等，都有严格的时间要求，一天都不能延误。因此，出纳人员心中应有一个时间表，须及时办理各项工作，保证出纳工作的质量。

（二）出纳工作的职能和任务

1　出纳的职能

出纳的职能包括收付、反映、监督、管理四个方面。

（1）收付职能

出纳最基本的职能是收付职能。企业经营活动少不了货物价款的收付、往来款项的收付，也少不了各种有价证券以及金融业务往来的办理，这些业务往来的现金、票据和有价证券的收付和办理，以及银行存款收付业务的办理，都必须经过出纳人员之手。

（2）反映职能

出纳的第二个主要职能就是反映职能。出纳工作要利用统一的货币计量单位，通过其特有的现金日记账、银行存款日记账、有价证券的各种明细分类账，对本单位的货币资金和有价证券进行详细的记录与核算，以便为经济管理和投资决策提供所需的完整、系统的经济信息。

（3）监督职能

出纳不仅要对本单位的货币资金和有价证券进行详细的记录与核算，为经济管理和投资决策提供所需的完整、系统的经济信息，而且要对企业的各种经济业务，特别是货币资金收付业务的合法性、合理性和有效性进行全过程的监督。

（4）管理职能

除上述职能外，出纳还有一个重要的职能，即管理。对货币资金与有价证券进行保管，对银行存款和各种票据进行管理，对企业资金使用效益进行分析研究，为企业投资决策提供金融信息，甚至直接参与企业的方案评估、投资效益预测分析等也是出纳人员的职责所在。

2　出纳的任务

（1）按照国家现金管理、银行支付结算和财务管理的有关规定，办理各项货币资金和有价证券收支的结算。

（2）负责对各项收支业务进行监督，力求收入的足额与及时、支出的合理与合法。

（3）按照我国《会计法》的规定填制和审核相关凭证，并登记现金日记账和银行存款日记账等，为加强经济管理与核算提供及时、真实、准确的信息。

（4）保管库存现金、各种有价证券、贵重物品和结算所需使用的印章、空白收据、空白支票等。

（5）负责保护本单位各种货币资金、有价证券等的安全与完整，严防差错、丢失、被盗和毁损。

（6）维护财经纪律，执行财务会计制度，抵制不合法的收支和弄虚作假、巧立名目的收入与支出。

（三）出纳人员的配备和岗位的内部牵制制度

1　出纳人员的配备

根据最新修订的《中华人民共和国会计法》（以下简称《会计法》）第三十六条规定："各单位应当根据会计业务的需要，设置会计机构，或者在有关机构中设置会计人员并指定会计主管人员；不具备设置条件的，应当委托经批准设立从事会计代理记账业务的中介机构代理记账。"其中《会计法》对各单位会计、出纳机构与人员的设置没有做出硬性规定，只是要求各单位根据业务需要来设定。一般情况下，实行独立核算的企业单位，在银行开户的行政、事业单位，有经常性现金收入和支出业务的企业、行政事业单位都应根据本单位经济业务的繁简和管理的需求配备专职或兼职出纳人员。

2　内部牵制制度

根据最新修订的《会计法》第三十七条规定："出纳人员不得兼任稽核、会计档案保管和收入、支出、费用、债权债务账目的登记工作。"这就要求出纳岗位的设置必须遵循"管钱的不管账，管账的不管钱"原则，同时还要严格执行内部牵制制度。

（1）出纳人员不得兼管会计稽核、会计档案保管，以及收入、支出、费用、债权债务等账目的登记工作；而非出纳人员不得接触货币资金的收付及保管。

（2）货币资金的会计记录与审核监督职务分离，严格地实施审批制度。

（3）支票与预留银行印鉴不能由同一人保管。

（4）支票签发与支票审核不得由同一人办理。

（5）企业财务专用章和法定代表人印章不得由同一人保管，不得由同一部门或同一个人办理合同业务的全过程。

3 回避制度

《会计基础工作规范》规定："国家机关、国有企业、事业单位任用会计人员应当实行回避制度。单位领导人的直系亲属不得担任本单位的会计机构负责人、会计主管人员。会计机构负责人、会计主管人员的直系亲属不得在本单位会计机构中担任出纳工作。"其中直系亲属包括：夫妻关系、直系血亲关系、三代以内旁系血亲以及近姻亲关系。

（四）业务受理流程

1 资金收入的一般程序

（1）清楚收入的金额和来源。出纳人员在收到一笔资金之前，应当清楚地知道收到多少钱、收谁的钱、收什么性质的钱，再按不同的情况进行分析处理。

①确定收款金额。如为现金收入，应考虑库存限额的要求。

②明确付款人。出纳人员应当明确付款人的全称和有关情况，对于收到背书支票或其他代为付款的情况，应由经办人加以注明。

③收到销售或劳务性质的收入。出纳人员应当根据有关销售或劳务合同确定收款额是否按协议执行，并对预收账款、当期实现的收入及收回以前应收账款分别进行处理，保证账实一致。

④收回代付、代垫及其他应付款。出纳人员应当根据账务记录确定其收款额是否相符，具体包括单位为职工代付的水电费、房租、保险金、个人所得税，职工的个人借款和差旅费借款，单位交纳的押金等。

（2）清点收入。出纳人员在清楚收入的金额和来源后，进行清点核对，清点时应沉着冷静，不要光图快。

①现金清点。现金收入应与经办人当面点清，在清点过程中，出纳人员若发现短缺、假钞等问题，应由经办人负责。

②银行核实。出纳人员应将银行结算收入与银行相核对，如为电话询问或电话银行查询的，只能作为参考，在取得银行有关的收款凭证后，方可正式确认收入，进行账务处理。

③现金清点核对无误后，对于按规定开具发票或内部使用的收据收入金额较大的，应

及时上报有关领导,便于资金的安排调度。完毕后,在有关收款凭据上加盖"收讫"章。

④如现金清点核对并开出单据后,才发现现金短缺或假钞,应由出纳人员负责。

(3)收入退回。特殊原因如支票印鉴不全等导致收入退回的,应重新办理收款。

2 资金支出的一般程序

(1)明确支出的金额和用途。

①出纳人员支付每一笔资金的时候都要核对金额,合理安排资金。

②明确收款人。出纳人员必须严格按合同、发票或有关依据上记载的收款人进行付款。对于代为收款的情况,应当出具原收款人的证明材料并与原收款人核实后,方可办理付款手续。

③明确付款用途。对于不合法、不合理的付款应当坚决抵制,并向有关领导汇报,行使出纳人员的工作权力。对于用途不明的付款,出纳人员可以拒付。

(2)付款审批。

①经办人填制付款单证,对该事项的真实性和准确性负责。应注意,需注明付款金额和用途。

②有关证明人的签收。在经办人的付款用途中,涉及实物的,应当有仓库保管员或实物负责人的签收;涉及差旅费、销售费用等的,应当由证明人或知情人加以证明。

③有关领导的签字。收款人应持手续完备的付款单据,并经有关领导审阅和签字。

④到财务部门办理付款。收款人持内容完备的付款单证,经会计审核后,由出纳办理付款。

(3)办理付款。付款是资金支出中最关键的一环,出纳人员应当特别谨慎,要用如履薄冰的态度认真对待,因为款项一旦付出,发生差错是很难追回的。

①严格核实付款金额、用途及有关审批手续。

②现金付款。双方应当面点清,在清点过程中发现短缺、假钞等情况,由出纳人员负责。

③银行付款。开具支票时,出纳人员应认真填写各项内容,保证要素完整、印鉴清晰、书写正确,如为现金支票,应附领票人的姓名、身份证号码及发证单位名称。办理转账或汇款时,出纳人员书写要准确、清晰、完整,保证收款人能按时收到款项。

④付款金额经双方确认后由收款人在收款凭据上签字并加盖"收讫"章。如转账或汇款,银行单据直接作为已付款证明。

⑤如确认签字后,发现现金短缺或其他情况,应由经办人负责。

(4)付款退回。如特殊原因造成支票或汇款退回的,出纳人员应当立即查明原因,如己方责任引起的,应换开支票或重新汇款,不得借故拖延;如对方责任引起的,应由对方重新补办手续。(特别提示:办理完汇款或转账后,应及时将有关银行单据传真给收款方确认。)

（五）出纳业务账务处理流程

（1）按照经济业务内容设置出纳账户。

（2）按照各项规章制度审核原始凭证。

（3）根据复式记账原理填制记账凭证。

（4）登记出纳日记账和相关备查簿。

（5）财产清查，保证账实相符、账账相符。

（6）编制出纳报告。

（7）保管出纳资料，按规定办理移交手续。

（六）出纳工作一般日程安排

出纳工作是按时间顺序分阶段进行处理和总结的，因此出纳人员在了解出纳业务受理的一般程序和账务处理流程之后，要对工作有个大致安排。

（1）上班后，检查现金、有价证券及其他贵重物品。

（2）向有关领导及会计主管请示资金安排计划。

（3）列明当天应处理的事项，分清轻重缓急，根据工作时间合理安排。

（4）按顺序办理各项收付款业务。

（5）当天下班前，应将所有的收付款单据编制记账凭证并登记入账。

（6）因特殊事项或情况工作未完成的，应列明未尽事项，留待次日优先办理。

（7）根据单位需要，每天或每周报送一次出纳报告。

（8）当天下班前，出纳人员进行账实核对，必须保证现金实有数与日记账、总账相符；收到银行对账单的当天，出纳人员进行核实，使银行存款日记账、总账与银行对账单在进行余额调节后相符；将多余现金送存银行；根据需要编制当天的现金和银行存款日报表，报送给相关领导和会计人员。

（9）每月终了三日内，出纳人员应当对其保管的支票、发票、有价证券、重要结算凭证进行清点，按顺序进行登记核对。

（10）其他出纳工作的办理。

（11）当天下班前，出纳人员应整理好办公用品，锁好抽屉及保险柜，保持办公场所的整洁，无资料遗漏或乱放现象。

三、任务实施

（1）以 5~6 名学生为一组，到企业实地参观，了解出纳的具体工作。

（2）结合参观心得以及所学知识，每组提交一份关于出纳工作的介绍报告。

任务二　出纳人员素质

一、布置任务

林阳成功应聘了北京市鸿途有限责任公司的出纳岗位,但他总担心自己不能成为一名合格的出纳人员。请你告诉他,出纳人员应具备哪些素质。

二、相关知识

(一)出纳人员的职业道德

《会计基础工作规范》中规定了出纳人员应具有的职业道德主要包括以下六个方面:

1　爱岗敬业,尽职尽责

爱岗就是要求出纳人员要热爱本职工作,安于本职岗位,并为做好本职工作尽心尽力、尽职尽责。敬业是指出纳人员对其所从事的出纳工作要有正确的认识和恭敬的态度,并用这种严肃恭敬的态度认真地对待本职工作。

2　了解政策,熟悉法规

出纳人员应了解企业所在地区的相关经济政策,熟悉财经法律、法规和会计准则、制度,在处理经济业务过程中,不为主观或他人意志左右,始终坚持按照会计法律、法规和国家统一的会计准则及会计制度的要求进行核算与监督,确保所提供的会计信息真实、完整,并自觉维护国家利益、社会公众利益和正常的经济秩序。

3　依法办事,规范操作

出纳人员应按照会计法律、法规和会计准则、会计制度规定的程序和要求进行工作,保证会计资料的合法、真实、准确、完整。

4　客观公正,实事求是

客观是指出纳人员开展工作时,要端正态度、依法办事、实事求是,以客观事实为依据,如实地记录和反映实际经济业务事项,会计核算要准确,记录要可靠,凭证要合法。公正是指出纳人员在履行其职能时,要做到公平公正、不偏不倚,保持应有的独立性,以维护会计主体和社会公众的利益。

5　诚实守信,保守秘密

出纳人员要谨慎从业,信誉至上,不为利益所诱惑,不伪造账目,不弄虚作假,如实反映单位经济业务事项。同时,还应当保守本单位的商业秘密,除非法律有规定和单位领导同意,否则不得私自向外界提供或者泄露本单位的会计信息。

6　强化意识,提高服务

出纳人员应具有强烈的服务意识、文明的服务态度,提供优良的服务。出纳人员必须端正服务态度,做到讲文明、讲礼貌、讲信誉、讲诚实,坚持原则,真实、客观地核算单位的经济业务,努力维护和提升出纳职业的良好社会形象。

除此之外,出纳人员还应特别注意以下几点:

第一,廉洁奉公。廉洁奉公是出纳人员立身之本,是出纳职业道德的核心。出纳人员时时都在经受着金钱的诱惑,如果要将公款据为己有或挪作他用,有方便的条件和较多的机会。同时,外部的经济违法分子也时常会在出纳人员身上打主意,施以小惠以达到其目的。在已经揭露的经济案件中,出纳人员利用职务之便贪污舞弊、监守自盗的案件屡见不鲜。出纳人员应当保持廉洁奉公的良好品质,以其实际行动赢得人们的尊重。

第二,提高技能。出纳人员应通过学习、培训和实践等途径,不断提高理论水平、实务能力、职业判断能力、自动更新知识能力、提供会计信息能力、沟通交流能力,积累职业经验,运用所掌握的知识、技能和经验,开展出纳工作,履行出纳职责,以适应社会不断发展的出纳工作需要。

第三,参与管理。参与管理要求出纳人员在做好本职工作的同时,树立参与管理的意识,努力钻研相关业务,全面熟悉本单位货币资金及相关的经营管理活动和业务流程,主动向领导反映货币资金管理活动中的情况和存在的问题,主动提出合理化建议,协助领导决策,参与管理活动,做好领导的参谋。

(二) 出纳人员的岗位要求

1　具备专业的财会知识

出纳人员需具备一定的国家财经政策和会计、税务法规知识。出纳人员需要不断参加专业继续教育和培训,了解和掌握国家财经制度、会计政策、专业知识及税务法规等的变化,提高业务水平,满足企业经营管理的需要。

2　熟练掌握业务技能

出纳工作是一项政策性和技术性并重的工作,出纳人员只有具备一定的专业知识和技能,才能胜任工作。出纳工作需要很强的操作技巧,打算盘、用电脑、填票据、点钞票等,都需要深厚的基本功。作为专职出纳人员,不但要具备处理一般会计事务的财会专业基本知识,还要具备较高的处理出纳事务的专业知识水平和较强的数字运算能力。出纳的数字运算往往在结算过程中进行,要按计算结果当场开出票据或收付现金,速度要快,不能出错。这和事后的账目计算有着很大的区别。账目计算错了还可以按规定方法更改,但钱算错了就不一定说得清楚,不一定"改"得过来。所以,出纳人员要具备很强的数字运算能力,必须具备较快的运算速度和非常高的准确性。在"快"和"准"的关系上,作为出纳人员,要把"准"放在第一位,要准中求快。

3 具备严谨细致的工作作风

出纳人员必须养成与出纳职业相符合的工作作风,作风的培养在成就事业方面是关键问题,概括起来有以下几点:

(1)精神集中。工作时全身心投入,不为外界所干扰;做事有始有终,办妥一件事后再办另一件事。

(2)有条不紊。安排工作时要分清轻重缓急,保证各项事务安排有序,并能妥善解决。

(3)严谨细致。收支计算准确无误,手续完备,符合真实、准确、完整的原则,不发生工作差错。

(4)沉着冷静。在工作时应心平气和,在复杂的环境下能随机应变、化险为夷。

(5)安全意识。在工作中要有敏锐的安全意识,以保证财产物资的安全、完整;严守相关的商业秘密。

(三)出纳人员的职责和权限

1 出纳人员的职责

(1)按照国家有关现金管理和银行结算制度的规定,办理现金支付和银行结算业务。

(2)按照国家外汇管理和结汇、购汇制度的规定及有关批件,办理外汇出纳业务。

(3)按照国家库存现金管理规定和银行账户管理规定,管理本单位的库存现金和银行账户。

(4)保管库存现金和各种有价证券(如国库券、债券等)、印章、空白票据等,保证其安全与完整。

2 出纳人员的权限

(1)维护财经纪律,执行财会制度,抵制不合法的收支和弄虚作假行为。依法办事的出纳人员受到法律的保护,《会计法》第四十六条规定:"单位负责人对依法履行职责、抵制违反本法规定行为的会计人员以降级、撤职、调离工作岗位、解聘或者开除等方式实行打击报复,构成犯罪的,依法追究刑事责任;尚不构成犯罪的,由其所在单位或者有关单位依法给予行政处分。对受打击报复的会计人员,应当恢复其名誉和原有职务、级别。"

(2)管理好货币资金,参与货币资金计划管理。出纳作为单位财务工作的管理人员之一,对本单位的货币资金、有价证券、银行存款和各种票据具有管理职责。此外,还要参与对单位资金使用效益分析的研究,为单位的投资决策提供经济信息,甚至还要直接参与单位的方案评估、投资效益预测分析等管理活动。

三、任务实施

结合所学知识,回答下列问题:

1.出纳人员应具备的职业道德包括哪些方面?

2.出纳人员有哪些岗位要求?

3.出纳人员具有哪些职责和权限?

 **出纳基本技能**

学习目标

>> **知识目标**

熟悉出纳岗位的基本技能,掌握各项业务技能的要点。

>> **技能目标**

掌握和提升出纳人员的数字书写技能、真假币识别技能、点钞技能、出纳凭证填制和审核技能、出纳账簿的设置和登记技能,掌握错账的更正方法。

任务一 数字的书写技能

一、布置任务

2017 年 2 月 9 日,林阳正式成为北京市鸿途有限责任公司的一名出纳。

北京市鸿途有限责任公司基本信息如下:

成立时间:2013 年 08 月 15 日;

单位负责人:王玉尧;

纳税人识别号:110108214365987;

开户行:中国银行北京市海淀支行;

基本存款账号:546327890168;

财务主管:冯泽轩;

制证会计:周彤。

工作中,林阳填写的一张转账支票信息如下(见图2-1):

图2-1　错误支票填写样例

支票信息中,大写部分为"十万五仟元整",小写部分为"105000.0 - "。那么,这张转账支票错在哪里?

二、相关知识

出纳工作离不开数字的书写。出纳工作常用的数字有两种:一种是阿拉伯数字,一种是中文大写数字。通常将用阿拉伯数字表示的金额数字简称为"小写金额",用中文大写数字表示的金额数字简称为"大写金额"。数字书写的要求是正确、规范、清晰、整洁、美观。

(一)阿拉伯数字的书写

阿拉伯数字也称"公用数字"。原为印度人创造,8世纪传入阿拉伯,后又从阿拉伯传入欧洲,始称为"阿拉伯数字"。由于它字数少,笔画简单,人们普遍乐于使用,因此很快传遍世界各地。阿拉伯数字,是世界各国的通用数字。

1 标准写法示范

阿拉伯数字的写法,过去只有印刷体是统一字形的,手写体是根据人们的习惯和爱好去写,没有统一的标准字体。近年来随着经济发展,金融、商业等部门逐步采用一种适合商业、金融记数和计算工作需要的阿拉伯数字手写体,其标准书写字体如图2-2所示。

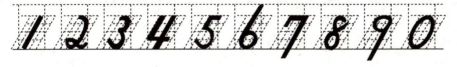

图2-2　阿拉伯数字的标准书写字体

2 书写要求

出纳工作中离不开阿拉伯数字,数码要写标准字体,在有金额分位格的账表凭证上,阿

拉伯数字的书写,结合出纳工作需要,有特定的书写要求:

（1）书写数字应由高位到低位,从左到右,一个一个地认真书写,各自独立,不可潦草,不可模棱两可,不得连笔写,以免分辨不清。

（2）书写的阿拉伯数字应使用斜体,斜度一般为45°~60°。

（3）数字高度约占表格的二分之一,这样既美观又便于改错。

（4）除"7"和"9"上低下半格的四分之一、下伸次行上半格的四分之一处外,其他数字都要靠在底线上书写,不要悬空。

（5）"0"要写成椭圆形,细看应接近轴对称与中心对称的几何图形,下笔要由右上角按逆时针方向划出,既不要写得太小,又不要开口,不留尾巴,不得写成D形,也不要写成C形。

（6）"1"的下端应紧靠分位格的左下角。

（7）"4"的顶部不封口,写"∠"时应上抵中线,下至下半格的四分之一处,并注意中竖是最关键的一笔,斜度应为60°,否则"4"就写成正体了。

（8）"6"的上半部分应斜伸出上半格的四分之一的高度。

（9）写"8"时,上边要稍小,下边应稍大,注意起笔应写成斜"S"形,终笔与起笔交接处应呈棱角,以防止将3改为8。

（10）从最高位起,后面各分位格数字必须写完整。如壹万伍仟捌佰元整,见表2-1。

总之,数码的宽窄与长短比例要匀称,字形要完全一致,不许多笔或少笔。同样的数字要笔顺一致、字体一致、宽窄一致、圆润一致,圆直相接要自然、柔软、平滑。力求美观大方,眉目清新。还要以下笔刚直为特点,圆为椭圆,角有角尖。1、4、7下笔全神贯注,不留不滞,飞流直泻,钢筋铁骨,给人以松柏挺拔之感,5、6、8、9的直笔也应具此势。6与9旋转180°后来看是9与6,不应有任何痕迹。2与3上部类同,3与5下部相似。8有两种笔顺,都起笔于右上角,结束于右上角,这都是符合阿拉伯数字书写习惯的,但第一笔写直笔容易写出字的气势来,符合数码字标准。

表2-1 阿拉伯数字书写示例

千	百	十	万	千	百	十	元	角	分
			1	5	8	0	0	0	0

（二）中文大写数字的书写

1 用正楷字体或行书字体书写

中文大写金额数字,主要用于发票、支票、汇票、存单等重要凭证的书写,为了易于辨认、防止涂改,应一律用正楷或者行书体书写。如壹、贰、叁、肆、伍、陆、柒、捌、玖、拾、佰、仟、万、亿、圆、角、分、整、零等字样。不得用中文小写一、二、三、四、五、六、七、八、九、十或廿、两、毛、另（或0）、园等字样代替,不得任意自造简化字。大写金额数字到元或者角为止的,在"元"或者"角"字之后应当写"整"字或者"正"字;大写金额数字有"分"的,"分"字后面不写"整"或者"正"字。

2 "人民币"与数字之间不得留有空位

有固定格式的重要凭证,大写金额栏一般都印有"人民币"字样,书写时,金额数字应紧接在"人民币"后面,在"人民币"与大写金额数字之间不得留有空位。大写金额栏没有印有"人民币"字样的,应在大写金额数字前填写"人民币"三字。

3 有关"零"的写法

一般在填写重要凭证时,为了增强金额数字的准确性和可靠性,需要同时书写小写金额和大写金额,且二者必须相符。当小写金额数字中有"0"时,大写金额应怎样书写,要看"0"所在的位置。

(1)金额数字尾部的"0",不管有一个还是有连续几个,大写金额到非零数位后,用一个"整(正)"字结束,都不需用"零"来表示。如"¥4.80",大写金额数字应写成"人民币肆元捌角整";又如"¥200.00",应写成"人民币贰佰元整"。

(2)对于小写金额数字中间有"0"的,大写金额数字应按照汉语语言规律、金额数字构成和防止涂改的要求进行书写。举例说明如下:

①小写金额数字中间只有一个"0"的,大写金额数字要写成"零"字。如"¥306.79",大写金额应写成"人民币叁佰零陆元柒角玖分"。

②小写金额数字中间连续有几个"0"的,大写金额数字可以只写一个"零"字。如"¥9 008.36",大写金额应写成"人民币玖仟零捌元叁角陆分"。

③小写金额数字元位是"0",或者数字中间连续有几个"0",元位也是"0",但角位不是"0"时,大写金额数字中间可以只写一个"零",也可以不写"零"。如"¥3 480.40",大写金额应写成"人民币叁仟肆佰捌拾元零肆角整",或者写成"人民币叁仟肆佰捌拾元肆角整";又如"¥920 000.16",大写金额应写成"人民币玖拾贰万元零壹角陆分",或者写成"人民币玖拾贰万元壹角陆分"。

④小写金额数字角位是"0"而分位不是"0"时,大写金额"元"字后必须写"零"字。如"¥637.09",大写金额应写成"人民币陆佰叁拾柒元零玖分"。

4 数字前必须有数量字

大写金额"拾""佰""仟""万"等数字前必须冠有数量字"壹""贰""叁"……"玖"等,不可省略。特别是"壹拾几"的"壹"字,由于人们习惯把"壹拾几""壹拾几万"说成"拾几""拾几万",所以在书写大写金额数字时很容易将"壹"字漏掉。"拾"字仅代表数位,而不代表数量,前面不加"壹"字既不符合书写要求,又容易被改成"贰拾几""叁拾几"等。如"¥120 000.00"大写金额应写成"人民币壹拾贰万元整",而不能写成"人民币拾贰万元

15

整"。如果书写不规范,"人民币"与金额数字之间留有空位,就很容易被改成"人民币叁
(肆、伍……)拾万元整"等。

5 票据的出票日期必须使用中文大写

为防止变造票据的出票日期,在填写月、日时,月为壹、贰和壹拾的,日为壹至玖和壹
拾、贰拾、叁拾的,应在其前加"零";日为拾壹至拾玖的,应在其前面加"壹"。如:3月15日
应写成"零叁月壹拾伍日",票据出票日期使用小写数字填写的,银行不予受理。

票据和结算凭证上金额、出票或者签发日期、收款人名称不得更改,更改的票据一律无
效。票据和结算凭证金额以中文大写和阿拉伯数码同时记载的,二者必须一致,否则票据
无效,银行不予受理。

票据和结算凭证上一旦写错或漏写了数字,必须重新填写单据,不能在原凭单上改写
数字,以保证所提供数字真实、准确、及时、完整。

三、任务实施

(1)林阳应学习大小写数码字正确书写规范。

(2)通过学习,可发现图2-1支票填写有两处错误。第一处错误是大写金额错误,正
确填写方式应为:壹拾万伍仟元整;第二处错误为小写金额错误,正确填写方式应为:
105000.00。因此,转账支票正确的数码字填写方式如图2-3所示。

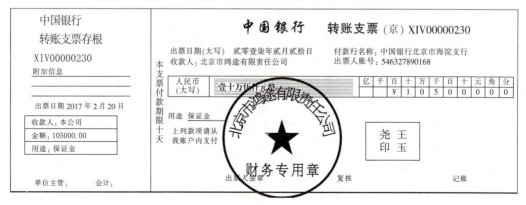

图2-3 正确填写大小写货币数字

任务二　人民币真假鉴别

一、布置任务

2017 年 3 月 12 日,北京市鸿途有限责任公司出纳员林阳将收取的现金 2300 元(100 元 20 张,50 元 4 张,10 元 10 张)存入银行。银行人员在清点钞票时,发现有 3 张 100 元,2 张 50 元,1 张 10 元钞票是伪钞,直接将其收缴。林阳认为出现伪钞是自己工作失误造成的,这给单位带来了不良影响,他因此很自责。面对这种情况,林阳该怎么办? 请你帮助他鉴别人民币的真假。

二、相关知识

(一) 人民币的防伪特征

人民币的防伪特征主要表现在纸张、油墨、制版、印刷和安全线等方面(见图 2-4)。

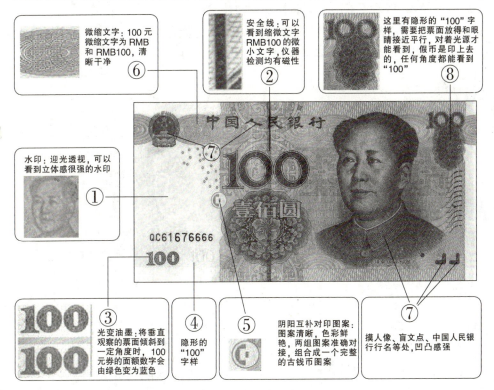

图 2-4　人民币的防伪特征

1 纸张

（1）人民币纸张的成分。人民币纸张的主要成分是短棉绒,这样的纸张含95%的优质棉、5%的进口木浆,纤维长,强度高,耐折,耐磨,挺括,手感厚实。通过分析检验纸张的成分,可以正确地鉴别真假币。

（2）人民币纸张在制造时做了技术处理。在紫外线灯光下观察时,看不到荧光;普通纸在制造时,都加有增白剂,在紫外线灯光下会发出明亮蓝白光。

（3）水印。市场上流通的人民币壹元券以上的都有水印,有的是固定水印,有的是国旗五星或五星古钱币图案等满版水印。

2 油墨

印制人民币所用的油墨都是特殊配方油墨,使用这种油墨多次套版印制的人民币,色泽鲜艳,层次清晰,颜色协调。另外,在印制大面额票券时,还采用了无色荧光油墨、磁性油墨以及冲击发光油墨等防伪手段。

3 制版

人民币的制版,除使用我国传统的手工制版外,还采用了多色套版印制钞票图纹的胶印或凹印接线技术,以及正背面图案高精度对印技术等。

真人民币的墨层厚,手感强;特定部位的图案正反面完全一致;票面的线条都是连接的,并印上几种不同的颜色,且不会产生重叠、缺口的现象。

4 印刷

第五套人民币中壹元券以上的主币,正面人像、行名、国徽、面额、花边、盲文等,背面拼音行号、主景、面额、少数民族文字、行长章等,均采用了凹版印刷技术。

凹版印刷的钞票,油墨厚,揉摸纸币时有明显的凹凸感,防伪性能强。

5 安全线

人民币采用了特殊的金属安全线工艺,增强了大面额人民币的防伪功能。

（二）假币的类型

1 伪造人民币

伪造人民币是指通过机械印刷、拓印、刻印、照相、描绘等手段制作假人民币。其主要的制假手段有:

（1）用油印定位，手工着色，正背两面分别仿制后粘贴而成；

（2）用木刻后手工修饰；

（3）仿照人民币图样绘图、着色（这种纯手工绘制的很少见）；

（4）彩色复印或黑白复印后手工着色；

（5）用印刷机印刷的机制假人民币，其中电子扫描分色制版印刷的机制假人民币数量最多，危害性最大。

2 变造人民币

变造人民币是指在真人民币的基础上，采用挖补、揭页、涂改、拼凑、移位、重印等多种方法制作，构成变态升值的假人民币。其主要的制假手段有：

（1）涂改

涂改是指经过擦除、刮除或用化学物质褪色除去真币上的图案和文字，然后在白纸上再转印其他图案和文字、数字。涂改一般是将小面额真币改为大面额假币，并混用出去，以赚取差额。涂改钞票，只能改动真币的一小部分，其主要是改动四角的面额数码，有的也改动了大写面额数字。经过这些改动后，涂改的数码和文字就与周围不协调，数码和文字的字形、色彩与真币也不一致，更主要的是面额数字与真币的正面人像、背面图景不一致。对于这种涂改钞票，只要对真币票面情况熟悉，稍加注意就能发现。

（2）剪贴

剪贴是将真币剪成若干窄条，每张取出其中一条，用数条接凑成一张钞票。

（3）揭层

揭层是指将真币进行加工处理后，揭下真币的一层，增加纸张数量。也有变造者采取局部揭层的方式，将一张真币局部揭层，然后将揭下的部分拼凑成新的票面，并将其他部分贴上报纸等，从而使票面升值。对于这种假币，一般采用手摸和眼看，就能识别其真伪。

（三）识别假币的基本方法

目前，识别假币用"一看二摸三听四测"的方法去鉴别。

1 看

看包括看水印、看安全线、看光变油墨、看钞面图案。

（1）看水印，就是把人民币迎光照看，10 元以上的人民币可在水印窗处看到人物头像或花卉水印。

（2）看安全线，第五套人民币纸币的各券别票面正面中间偏左，均有一条安全线。

（3）看光变油墨，第五套人民币 100 元券和 50 元券正面左下方的面额数字采用光变油墨印刷。

（4）看钞面图案色彩是否鲜明，线条是否清晰，对接图案线是否对接完好，有无留白或空隙。

2 摸

由于 5 元以上面额人民币采用凹版印刷,线条形成凸出纸面的油墨道,特别是盲文点、"中国人民银行"字样、第五套人民币人像部位等。用手指抚摩这些地方,有明显的凹凸感,较新的钞票用指甲划过,有明显的阻力。目前收缴的假币大多使用胶版印刷,其表面平滑,无凹凸手感。

3 听

即抖动钞票使其发出声响,然后根据其声音来分辨人民币真伪。人民币的纸张,具有挺括、耐折、不易撕裂的特点,手持钞票用力抖动,手指轻弹或两手一张一弛轻轻对称拉动,能听到清脆响亮的声音。假币纸张发软,偏薄,声音发闷,不耐揉折。

4 测

即借助一些简单的工具和专用的仪器来分辨人民币真伪。例如,借助放大镜观察票面线条的清晰度,胶、凹印缩微文字等;用紫外灯光照射票面,观察钞票纸张和油墨的荧光反应;用磁性检测仪检测黑色横号码的磁性。

(四)第五套人民币的类别及各版的防伪特征

第五套人民币分为 1999 版、2005 版和 2015 版。

1999 版的第五套人民币自 1999 年 10 月 1 日开始发行,共发行了面值为 100 元、50 元、20 元、10 元、5 元和 1 元的六种纸券币,1 元、5 角和 1 角三种硬币;2005 版的第五套人民币自 2005 年 8 月 1 日起发行,共发行了面值为 100 元、50 元、20 元、10 元、5 元的五种纸券币和 1 角的硬币;2015 版的第五套人民币于 2015 年 11 月 12 日发行,发行了一种面值为 100 元的纸券币。

1 1999 版第五套人民币的防伪特征

(1)1999 版第五套人民币 100 元纸券和 50 元纸券的防伪特征

1999 版第五套人民币 100 元纸券和 50 元纸券的防伪特征有(见图 2 - 5):

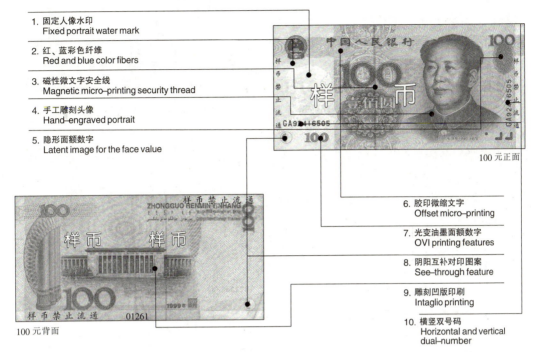

1. 固定人像水印
   Fixed portrait water mark

2. 红、蓝彩色纤维
   Red and blue color fibers

3. 磁性微文字安全线
   Magnetic micro-printing security thread

4. 手工雕刻头像
   Hand-engraved portrait

5. 隐形面额数字
   Latent image for the face value

100 元正面

6. 胶印微缩文字
   Offset micro-printing

7. 光变油墨面额数字
   OVI printing features

8. 阴阳互补对印图案
   See-through feature

9. 雕刻凹版印刷
   Intaglio printing

10. 横竖双号码
    Horizontal and vertical dual-number

100 元背面

图 2-5　1999 版第五套人民币 100 元防伪特征

①固定人像水印。在钞票正面左侧,迎光透视,可以看到与背景人像相同、立体感很强的毛泽东头像水印。真币是在纸张抄造中形成的人像水印,层次丰富,立体感很强;而假币是在纸张夹层中涂布白色浆料并模压水印图案,或直接在纸张表面盖印浅水印图案,层次及立体感较差。

②红、蓝彩色纤维。在纸张抄造过程中放在纸浆里,随机分布,在票面上可以看到纸张中的不规则红色和蓝色纤维;而假币印刷于纸张表面。

③磁性缩微文字安全线。钞票中的安全线嵌于纸张内部,迎光透视,可以看到缩微文字"RMB 100"(100 元纸券)或"RMB 50"(50 元纸券)字样,用仪器检测有磁性;而假币无磁性或磁性特征不稳定。

④手工雕刻头像。钞票正面主景毛泽东头像,采用手工雕刻凹刻印刷工艺,形象逼真、传神、凹凸感强,易于识别;而假币的头像线条模糊,无凹凸感。

⑤隐形面额数字。钞票正面右上方有一装饰图案,将钞票置于与眼睛接近平行的位置,面对光源平面旋转 45°或 90°,即可看到面额数字"100"或"50",字形清晰;而假币没有隐形效果。

⑥胶印缩微文字。钞票正面上方图案中,多处印有胶印缩微文字,100 元纸券是"100""RMB 100"字样;50 元纸券是"50""RMB 50"字样,这些字样在放大镜下,字形清晰;而假币的字形模糊。

⑦光变油墨面额数字。钞票正面左下方面额数字"100"和"50"字样,随着视角变化,颜色变化明显。100 元纸券,从票面垂直角度观察为绿色,倾斜一定角度则变为蓝色;50 元纸券,从票面垂直角度观察为金色,倾斜一定角度则变为绿色。假币的变色无规律或无变

色效果。

⑧阴阳互补对印图案。在钞票正面左下角和背面右下角均有一圆形局部图案,迎光透视,可以看到正背面图案组成一个完整的古钱币图案;而假币正背面图案错位。

⑨雕刻凹版印刷。钞票正面主景毛泽东头像、"中国人民银行"行名、面额数字、盲文面额标记及背面主景图案均采用雕刻凹版印刷,用手指触摸有明显的凹凸感;而假币是全胶印,手感平滑。

⑩横竖双号码。钞票正面采用横竖双号码印刷,横号码为黑色,竖号码为红色;而假币的颜色与真币有差异。

(2)1999 版第五套人民币 20 元纸券的防伪特征

第五套人民币 20 元纸券的防伪特征有:

①固定花卉水印。在钞票正面左侧,迎光透视,可以看到花卉水印。真币是在纸张抄造过程中形成的花卉水印,层次丰富,立体感很强;而假币是在纸张夹层中涂布白色浆料并模压水印图案,或直接在纸张表面盖印浅水印图案,层次及立体感较差。

②安全线。钞票中的安全线嵌于纸张内部,仪器检测有磁性;而假币无磁性或磁性特征不稳定。

③红、蓝彩色纤维。其防伪特征与 100 元纸券相同。

④手工雕刻头像。其防伪特征与 100 元纸券相同。

⑤胶印缩微文字。在钞票正面下方图案中,多处印有胶印缩微文字"RMB 20"字样,这些字样在放大镜下,字形清晰;而假币的字形模糊。

⑥隐形面额数字。钞票正面右上方有一装饰图案,将钞票置于与眼睛接近平行的位置,面对光源平面旋转 45°或 90°,即可看到面额数字"20",字形清晰;而假币没有隐形效果。

⑦雕刻凹版印刷。其防伪特征与 100 元纸券相同。

⑧双色横号码。钞票正面采用双色横号码,号码左半部为红色,右半部为黑色;而假币号码的颜色与真币有差异。

(3)1999 版第五套人民币 10 元纸券和 5 元纸券的防伪特征

第五套人民币 10 元纸券和 5 元纸券的防伪特征分别有 10 种和 9 种。5 元纸券没有阴阳互补对印图案这种防伪特征,其他的防伪特征与 10 元纸券大同小异。

①固定花卉水印。在钞票正面左侧空白处,迎光透视 10 元纸券可以看到立体感很强的月季花水印,5 元纸券可看到水仙花水印,真币是在纸张抄造过程中形成的花卉水印,层次丰富,立体感很强;而假币是在纸张夹层中涂布白色浆料并模压水印图案,或者直接在纸张表面盖印浅水印图案,层次及立体感较差。

②全息磁性开窗安全线。在钞票的正中间偏左,有一条开窗安全线,开窗部分可以看到由缩微字符"¥10"(10 元纸券)或"¥5"(5 元纸券)组成的全息图案,仪器检测有磁性。开窗安全线是指局部埋入纸张中,局部裸露在纸面上的一种安全线。

③红、蓝彩色纤维。在钞票票面上,可以看到纸张中有不规则分布的红色和蓝色纤维。

④手工雕刻头像。其防伪特征与100元纸券相同。

⑤胶印缩微文字。在正面上方胶印图案中,多处印有胶印缩微"RMB 10"(10元纸券)或"RMB 5"(5元纸券)字样,这些字样在放大镜下,字形清晰;而假币的字形模糊。

⑥隐形面额数字。正面右上方有一装饰图案,将钞票置于与眼睛接近平行的位置,面对光源平面旋转45°或90°,即可看到面额数字"10"(10元纸券)或"5"(5元纸券),字形清晰;而假币没有隐形效果。

⑦雕刻凹版印刷。其防伪特征与100元纸券相同。

⑧双色横号码。钞票正面印有双色横号码,左侧部分为红色,右侧部分为黑色;而假币的颜色与真币有差异。

⑨白水印。在双色横号码下方,迎光透视,可以看到透光性很强的图案"10"(10元纸券)或"5"(5元纸券)水印。

⑩阴阳互补对印图案。10元纸券的防伪特征与100元纸券相同;5元纸券没有此防伪特征。

(4)1999版1元纸券的防伪特征

①固定花卉水印。在钞票正面左侧空白处,迎光透视,可以看到立体感很强的兰花水印。

②手工雕刻头像。正面主景毛泽东头像采用手工雕刻凹版印刷工艺,凹凸感强,易于识别。

③隐形面额数字。正面右上方有一装饰图案,将票面置于与眼睛接近平行的位置,面对光源做上下倾斜晃动,可看到面额数字"1"字样。

④胶印缩微文字。背面下方印有缩微文字"人民币"和"RMB 1"字样。

⑤雕刻凹版印刷。正面主景毛泽东头像、"中国人民银行"行名、面额数字、盲文面额标记等均采用雕刻凹版印刷,用手指触摸有明显凹凸感。

⑥双色横号码。正面印有双色横号码,左侧部分为红色,右侧部分为黑色。

⑦荧光字。人民币正面"中国人民银行"的"人民"字样下用用简单仪器进行荧光检测,可看见"1"字样。

(5)1999版第五套人民币硬币防伪特征

①1元硬币。1元硬币色泽为镍白色,直径为25毫米,正面为"中国人民银行""1元"和汉语拼音"YIYUAN"及年号;背面为菊花图案及"中国人民银行"的汉语拼音"ZHONG-GUO RENMIN YINHANG";材质为钢芯镀镍,币外缘为圆柱面,并印有"RMB"字符标记。

②5角硬币。5角硬币色泽为金黄色,直径20.5毫米,材质为钢芯镀铜合金,正面为"中国人民银行"字样、面额、汉语拼音字母"WUJIAO"及年号;背面为荷花图案及"中国人民银行"的汉语拼音"ZHONGGUO RENMIN YINHANG";币外缘为间断丝齿,共有六个丝齿段,每个丝齿段有八个齿距相等的丝齿。

③1角硬币。1角硬币色泽为铝白色,直径为19毫米,正面为"中国人民银行""1角"汉语拼音字母"YIJIAO"及年号;背面为兰花图案及"中国人民银行"的汉语拼音"ZHONG-

GUO RENMIN YINHANG"；材质为铝合金，币外缘为圆柱面。

2 2005 版第五套人民币的防伪特征

（1）防伪特征

2005 版第五套人民币的规格、主景图案、主色调、"中国人民银行"行名及其汉语拼音、面额数字、花卉图案、国徽、盲文面额标记、民族文字等票面特征，均与 1999 版第五套人民币相同。2005 版第五套人民币 100 元、50 元纸券的固定人像水印、手工雕刻头像、胶印缩微文字、雕刻凹版印刷等防伪特征，20 元纸券的固定花卉水印、手工雕刻头像、胶印缩微文字、双色横号码等防伪特征，10 元纸券的固定花卉水印、白水印、全息磁性开窗安全线、手工雕刻头像、胶印缩微文字、雕刻凹版印刷、双色横号码、阴阳互补对印图案等防伪特征，5 元纸券的固定花卉水印、白水印、全息磁性开窗安全线、手工雕刻头像、胶印缩微文字、雕刻凹版印刷、双色横号码等防伪特征，与 1999 版第五套人民币对应的 100 元、50 元、20 元、10 元、5 元纸券相同。但 2005 版第五套人民币在 1999 版的基础上修改了防伪设计，主要有以下几方面（见图 2－6）。

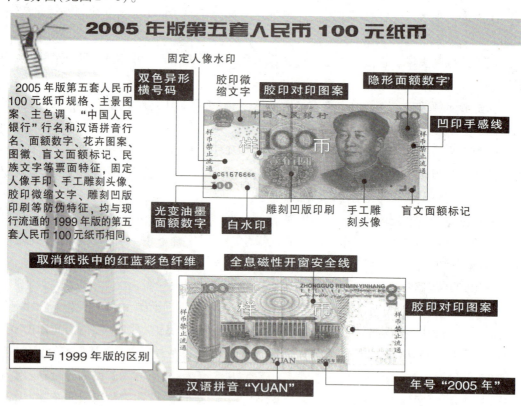

图 2－6　2005 版与 1999 年版 100 元人民币的区别

①调整防伪特征布局

2005 版第五套人民币 100 元、50 元纸币正面左下角胶印对印图案调整到主景图案左侧中间处，光变油墨面额数字左移至原胶印对印图案处，背面右下角胶印对印图案调整到主景图案右侧中间处。

②调整防伪特征

a. 隐形面额数字。调整 2005 版第五套人民币各券别纸币的隐形面额数字观察角度。2005 版第五套人民币各券别纸币正面右上方有一装饰性图案,将票面置于与眼睛接近平行的位置,面对光源做上下倾斜晃动,分别可以看到面额数字字样。

b. 全息磁性开窗安全线。2005 版第五套人民币 100 元、50 元、20 元纸币将原磁性缩微文字安全线改为全息磁性开窗安全线。2005 版第五套人民币 100 元、50 元纸币背面中间偏右有一条开窗安全线,开窗部分分别可以看到由缩微字符"￥100""￥50"组成的全息图案。2005 版第五套人民币 20 元纸币正面中间偏左有一条开窗安全线,开窗部分可以看到由缩微字符"￥20"组成的全息图案。

c. 双色异形横号码。2005 版第五套人民币 100 元、50 元纸币将原横竖双号码改为双色异形横号码。正面左下角印有双色异形横号码,左侧部分为暗红色,右侧部分为黑色。字符由中间向左右两边逐渐变小。

d. 雕刻凹版印刷。2005 版第五套人民币 20 元纸币背面主景图案桂林山水、面额数字、汉语拼音行名、民族文字、年号、行长章等均采用雕刻凹版印刷,用手触摸,有明显凹凸感。

③增加防伪特征

a. 白水印。2005 版第五套人民币 100 元、50 元纸币的白水印位于正面双色异形横号码下方,2005 版第五套人民币 20 元纸币的白水印位于正面双色横号码下方,迎光透视,可分别看到透光性很强的水印面额数字字样。

b. 凹印手感线。2005 版第五套人民币各券别纸币正面主景图案右侧,有一组自上而下规则排列的线纹,采用雕刻凹版印刷工艺印制,用手指触摸,有极强的凹凸感。

c. 阴阳互补对印图案。2005 版第五套人民币 20 元纸币正面左下角和背面右下角均有一圆形局部图案,迎光透视,可以看到正背面的局部图案合并为一个完整的古钱币图案。

④增加拼音,修改年号

在 2005 版第五套人民币各券别纸币背面主景图案下方的面额数字后面,增加人民币单位的汉语拼音"YUAN";年号改为"2005 年"。

⑤取消红、蓝彩色纤维

2005 版第五套人民币取消各券别纸币纸张中的红、蓝彩色纤维。

（2）2005 版第五套各种金额的人民币（见图2－7～图2－11）

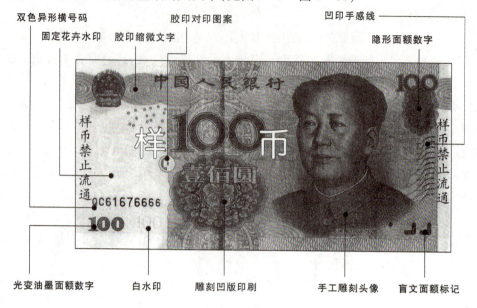

双色异形横号码　　　　　　胶印对印图案　　　　　　　凹印手感线

固定花卉水印　　胶印缩微文字　　　　　　　　　隐形面额数字

样币禁止流通

样币禁止流通

光变油墨面额数字　　白水印　　雕刻凹版印刷　　手工雕刻头像　　盲文面额标记

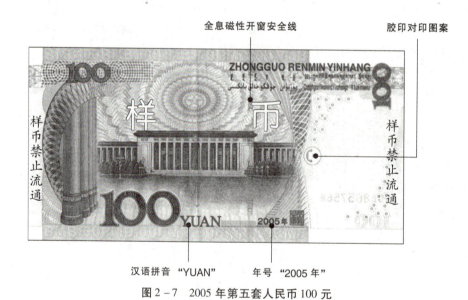

全息磁性开窗安全线　　　　　　胶印对印图案

样币禁止流通

样币禁止流通

汉语拼音"YUAN"　　年号"2005年"

图2－7　2005年第五套人民币100元

双色异形横号码　　　　　胶印对印图案　　　　　　凹印手感线

固定人像水印　胶印缩微文字　　　　　　　　　隐形面额数字

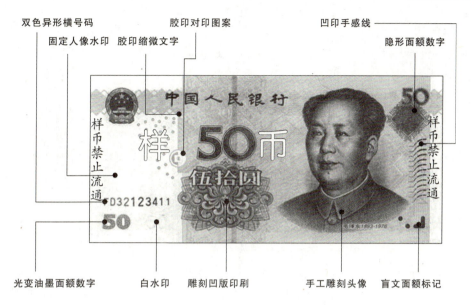

光变油墨面额数字　　　白水印　　雕刻凹版印刷　　　手工雕刻头像　　盲文面额标记

全息磁性开窗安全线　　　　　　胶印对印图案

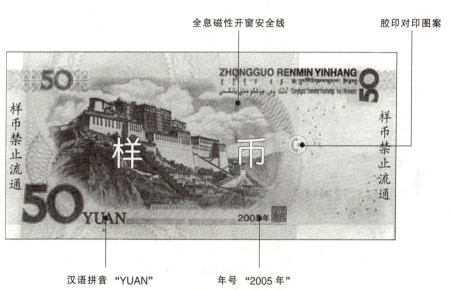

汉语拼音"YUAN"　　　　年号"2005年"

图 2-8　2005 年第五套人民币 50 元

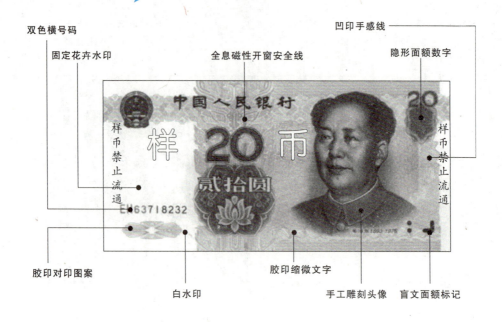

双色横号码
固定花卉水印
全息磁性开窗安全线
凹印手感线
隐形面额数字
样币禁止流通
样币禁止流通
胶印对印图案
白水印
胶印缩微文字
手工雕刻头像
盲文面额标记

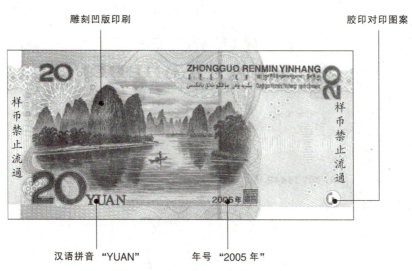

雕刻凹版印刷
胶印对印图案
样币禁止流通
样币禁止流通
汉语拼音 "YUAN"
年号 "2005 年"

图 2-9 2005 年第五套人民币 20 元

双色横号码

固定花卉水印　　胶印缩微文字　　全息磁性开窗安全线

凹印手感线

隐形面额数字

胶印对印图案　　　　白水印　　　雕刻凹版印刷　　　手工雕刻头像　　盲文面额标记

胶印对印图案

汉语拼音"YUAN"　　　年号"2005年"

图2-10　2005年第五套人民币10元

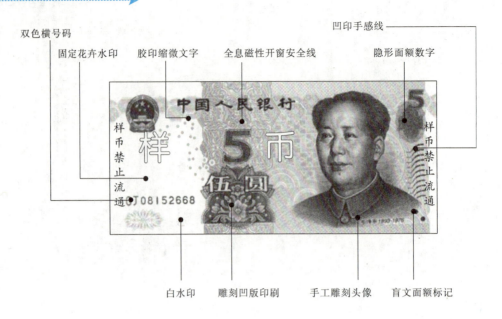

双色横号码
固定花卉水印　胶印缩微文字　全息磁性开窗安全线　凹印手感线　隐形面额数字

白水印　雕刻凹版印刷　手工雕刻头像　盲文面额标记

汉语拼音"YUAN"　年号"2005年"

图2-11　2005年第五套人民币5元

3　2015版第五套人民币100元纸券的防伪特征

2015版第五套人民币100元纸币的图案主色调不变,个别图案进行了改动,防伪技术有了很大的提升。其防伪特征主要有以下几方面(见图2-12)。

光彩光变数字
位于票面正面中部。垂直观察票面,数字"100"以金色为主;平视观察,数字"100"以绿色为主。随着观察角度的改变,数字"100"颜色在金色和绿色之间交替变化,并可见到一条亮光带在数字上滚动。

光变镂空开窗安全线
位于票面正面右侧。当观察角度由直视变为斜视时,安全线颜色由品红色变为绿色;透光观察时,可见安全线中正反交替排列的镂空文字"¥100"。

人像水印
位于票面正面左侧空白处。透光观察,可见毛泽东头像。

胶印对印图案
票面正面左下方和背面右下方均有面额数字"100"的局部图案。透光观察,正背面图案组成一个完整的面额数字"100"。

横竖双号码
票面正面左下方采用横号码,其冠字和前两位数字为暗红色,后六位数字为黑色;右侧竖号码为篮色。

白水印
位于票面正面横号码下方。透光观察,可以看到透光性很强的水印面额数字"100"。

雕刻凹印
票面正面毛泽东头像、国徽、"中国人民银行"行名、右上角面额数字、盲文及背面人民大会堂等均采用雕刻凹印印刷,用手触摸有明显的凹凸感。

图 2 - 12　2015 版第五套人民币 100 元防伪特征

（1）光彩光变数字

光彩光变数字位于票面正面中部。垂直票面观察,数字以金色为主;平视观察,数字以绿色为主。随着观察角度的改变,数字颜色在金色和绿色之间交替变化,并可见到一条亮光带上下滚动。

（2）光变镂空开窗安全线

光变镂空开窗安全线位于票面正面右侧。垂直票面观察,安全线呈品红色;与票面成一定角度观察,安全线呈绿色;透光观察,可见安全线中正反交替排列的镂空文字"￥100"。

（3）人像水印

人像水印位于票面正面左侧空白处。透光观察,可见毛泽东头像。

（4）胶印对印图案

票面正面左下方和背面右下方均有数字"100"的局部图案。透光观察,正背面图案可以组成一个完整的面额数字"100"。

（5）横竖双号码

票面正面左下方采用横号码,其冠字和前两位数字为暗红色,后六位数字为黑色;右侧竖号码为蓝色。

（6）白水印

白水印位于钞票正面横号码下方。透光观察,可以看到透光性很强的水印面额数字"100"。

（7）雕刻凹印

钞票正面毛泽东头像、国徽、"中国人民银行"行名、右上角面额数字、盲文及背面人民大会堂图案等均采用雕刻凹印印刷工艺,用手指触摸,有明显的凹凸感。

（五）假币的处理

根据《中华人民共和国人民币管理条例》的规定,中国人民银行及由中国人民银行授权的中国工商银行、中国农业银行、中国银行、中国建设银行及其各级分支机构可以进行货币真伪鉴定。

出纳人员在收付现金时发现假币,应当立即送交银行鉴定,由银行开具假币收缴凭证,予以没收处理,如有追查线索的应当及时报告公安部门,并协助案件侦破。

出纳人员如发现可疑货币又不能断定其真假时,不得随意没收,应当向持币人说明情况,开具临时收据,将可疑货币及时报送当地中国人民银行鉴定。经鉴定确实是假币的,应当按假币处理方法处理;如确定不是假币的,应当及时将货币退回持币人。

（六）残损人民币交换标准

残损人民币是残缺人民币和污损人民币的统称。残缺人民币是指票面撕裂或者票面明显缺失了一部分的人民币;污损人民币是指自然或人为磨损、侵蚀,造成外观、质地受损,颜色变暗,图案不清晰,防伪功能下降,不宜再继续流通使用的人民币。为维护人民币信誉,保护国家财产安全和人民币持有人的合法权益,确保人民币正常流通,中国人民银行制定了《中国人民银行残缺污损人民币兑换办法》,其中第四条规定:

残缺、污损人民币兑换分"全额""半额"两种情况。能辨别面额,票面剩余四分之三（含四分之三）以上,其图案、文字能按原样连接的残缺、污损人民币,金融机构应向持有人按原面额全额兑换。能辨别面额,票面剩余二分之一（含二分之一）至四分之三以下,其图案、文字能按原样连接的残缺、污损人民币,金融机构应向持有人按原面额的一半兑换。纸币呈正十字形缺少四分之一的,按原面额的一半兑换。

不能兑换的残损人民币包括以下几种情况:①票面残损二分之一以上;②票面污损、熏焦、水浸、油浸、变色,不能辨别真假者;③故意挖补、涂改、剪贴拼凑、揭去一面的。

出纳人员发现残缺、污损人民币,应当及时按上述规定到银行办理兑换。

三、任务实施

（1）熟记人民币防伪特征,并掌握人民币的鉴别方法,"一看二摸三听四测"应烂熟于心。尤其要注意 2005 版、1999 版、2015 版的 100 元人民币防伪特征。

（2）在工作中,无论币值大小,都应该进行鉴别,将收到假币的风险降到最低。

（3）上述两点是出纳人员必备的知识和技能要求,只有熟练掌握才可能避免现金送存银行时,出现假钞的情况。工作中收到疑似假币,应向持币人说明情况,并开具临时收据,及时将货币送银行进行鉴定。若银行鉴定是假币,予以没收;若银行鉴定是真币,返还出纳。

(4)这次任务中,银行发现有 3 张 100 元、2 张 50 元、1 张 10 元钞票是伪钞,银行应直接没收。

(5)这次任务对单位造成的损失,应由责任人承担。

(6)如果无法明确责任人,损失由出纳林阳承担。

任务三 点钞技能

一、布置任务

2017 年 4 月 2 日,出纳林阳向银行送存现金 100 000 元。送存现金之前,出纳林阳需要对现金进行清点、核对和捆扎。请你帮助林阳,应用正确的点钞技术和捆扎技术,完成这一工作。

二、相关知识

(一)点钞的基本要领和程序

1 点钞基本要领

出纳人员在办理现金的收付与整点时,要做到准、快、好。"准",就是钞券清点不错不乱,准确无误;"快",是指在准的前提下,加快点钞速度,提高工作效率;"好",就是清点的钞券要符合"五好钱捆"的要求。"准"是做好现金收付和整点工作的基础和前提,"快"和"好"是银行加速货币流通,提高服务质量的必要条件。

学习点钞,首先要掌握基本要领。基本要领对于哪一种方法都适用。点钞基本要求大致可概括为以下几点:

(1)肌肉要放松

点钞时,两手各部位的肌肉要放松。肌肉放松,能够使双手活动自如,动作协调,并减轻劳动强度。否则,会使手指僵硬,动作不准确,既影响点钞速度,又消耗体力。正确的姿势是,肌肉放松,双肘自然放在桌面上,持票的左手手腕接触桌面,右手腕稍抬起。

(2)钞券要墩齐

需清点的钞券必须清理整齐,平直。这是点准钞券的前提,钞券不齐不易点准。对折角、弯折、揉搓过的钞券要将其弄直、抹平,明显破裂、质软的票子要先挑出来。清理好后,将钞券在桌面上墩齐。

（3）开扇要均匀

钞券清点前，都要将票面打开成扇形，使钞券有一个坡度，便于捻动。开扇均匀是指每张钞券的间隔距离必须一致，使之在捻钞过程中不易夹张。因此，扇面开得是否均匀，决定着点钞是否准确。

（4）手指触面要小

手工点钞时，捻钞的手指与票子的接触面要小。如果手指接触面大，手指往返动作的幅度随之增大，从而使手指频率减慢，影响点钞速度。

（5）动作要连贯

点钞时各个动作之间相互连贯是加快点钞速度的必要条件之一。动作要连贯包括两方面的要求：一是指点钞过程的各个环节必须紧张协调，环环扣紧。如点完100张墩齐钞券后，左手持票，右手取腰条纸，同时左手的钞券跟上去，迅速扎好小把；在右手放票的同时，左手取另一把钞券准备清点，而右手顺手蘸水清点等等。这样使扎把和持票及清点各环节紧密地衔接起来。二是指清点时的各个动作要连贯，即第一组动作和第二组动作之间，要尽量缩短，甚至不留空隙时间，当第一组的最后一个动作即将完毕时，第二组动作注意连接上，比如用手持式四指拨动点钞法清点时，当第一组的食指捻下第四张钞券时，第二组动作的小指要迅速跟上，不留空隙。这就要求在清点时双手动作要协调，清点动作要均匀，切忌忽快忽慢、忽多忽少。另外，在清点中尽量减少不必要的小动作、假动作，以免影响动作的连贯性和点钞速度。

（6）点和数要协调

点和数是点钞过程的两个重要方面，这两个方面要相互配合、协调一致。点钞的速度快，记数跟不上，或点的速度慢，记数过快，都会造成点钞不准确，甚至造成差错，给国家财产带来损失。因此点和数二者必须一致，这是点准的前提条件之一。为了使两者紧密结合，记数通常采用分组法，使点和数的速度能基本吻合。同时，记数通常要用脑子记，尽量避免用口数。

2 点钞的基本程序

点钞是一个从拆把开始到扎把为止的连续、完整的过程。它一般包括拆把持钞、清点、记数、墩齐、扎把、盖章等环节。要加快点钞速度，提高点钞水平，必须把各个环节的工作做好。

（1）拆把持钞

成把清点时，首先需将腰条纸拆下。拆把时可将腰条纸脱去，保持其原状，也可将腰条纸用手指勾断。通常初点时采用脱去腰条纸的方法，以便复点时发现差错进行查找，复点时一般将腰条纸勾断。

持钞速度的快慢、姿势是否正确，也会影响点钞速度。要注意每一种点钞方法的持钞方法。

（2）清点

清点是点钞的关键环节。清点的准确性、清点的速度，直接关系到点钞的准确与速度。因此，要勤学苦练清点基本功，做到清点既快又准。

在清点过程中，还需将损伤券按规定标准剔出，以保持流通中票面的整洁。如该把钞券中夹杂着其他版面的钞券，应将其挑出。

在点钞过程中如发现差错，应将差错情况记录在原腰条纸上，并把原腰条纸放在钞券上面一起扎把，不得将其扔掉，以便事后查明原因，另作处理。

（3）记数

记数也是点钞的基本环节，与清点相辅相成。在清点准确的基础上，必须做到记数准确。

（4）墩齐

钞券清点完毕扎把前，先要将钞券墩齐，以便扎把保持钞券外观整齐美观。钞券墩齐要求四条边水平，不露头或不呈梯形错开，卷角应拉平。墩齐时，双手松拢，先将钞券竖起来，双手将钞券捏成瓦形在桌面上墩齐，然后将钞券横立并将其捏成瓦形在桌面上墩齐。

（5）扎把

每把钞券清点完毕后，要扎好腰条纸。腰条纸要求扎在钞券的二分之一处，左右偏差不得超过两厘米。同时要求扎紧，以提起第一张钞券不被抽出为准。

（6）盖章

盖章是点钞过程的最后一环，点钞员在腰条纸上加盖名章，表示对此把钞券的质量、数量负责，所以每个出纳员点钞后均要盖章，而且图章要盖得清晰，以看得清行号、姓名为准。

（二）手工点钞技术

手工点钞的基本要求是：坐姿端正，点数准确，票子墩齐，钞票捆紧，盖章清晰。手工点钞的方法有很多，我们这里主要介绍手持式、手按式和扇面式三种点钞方法。

1 手持式点钞法

手持式点钞方法又分为单张点钞、一指多张点钞、四指拨动点钞、来回拨动点钞等多种操作方法。

手持式单指单张点钞法（见图2-13）是最常用的点钞法。其操作要点是：将钞票正面向内，持于左手拇指左端中内，食指和中指在票后面捏着钞票，无名指自然卷曲，与小拇指在票正面共同卡紧钞票；然后右手中指微微上翘，托住钞票右上角，右手拇指指尖将钞票右上角向右下方逐张捻动，食指和其他手指一道配合拇指将捻动的钞票向下弹动，拇指捻动一张，食指弹拨一张，左手拇指随着点钞的进度，逐渐向后移动，食指向前推动钞票，以便加快钞票的下落速度；在此过程中，同时采用1、2、3……自然记数方法，将捻动的每张钞票清点清楚。一张一张清点时为单张点钞法;若在单张点钞的基础上,持票斜度加大且手指较为熟练时,便可发展到一指两张或两张以上,其方法也就发展为一指多张点钞法了。

图 2-13　手持式单指单张点钞法示例

手持式四指四张点钞法(见图 2-14)是以左手持钞,右手四指依次各点一张,一次四张,轮回清点,其速度快,点数准,轻松省力,挑剔残损券也比较方便。此法也是纸币复点中常用的一种方法。其操作要点是:

图 2-14　手持式四指四张点钞法示例

钞票横放于台面,左手心向上,中指自然弯曲,指背贴在钞票中间偏左的内侧,食指、无名指和小拇指在钞票外侧,中指向外用力,外侧三个手指向内用力,使得钞票两端向内弯成"U"形。拇指按于钞票右侧外角向内按压,使右侧展作斜扇面形状,左手腕向外翻转,食指成直角抵住钞票外侧,拇指按在钞票上端斜扇面上。右手拇指轻轻托在钞票右里角扇面的下端,其余四指并拢弯曲,指尖成斜直线。点数时小指、无名指、中指和食指指尖依次捻动钞票右上角与拇指摩擦后拨票,一指清点一张,一次点四张为一组。左手随着右手清点逐渐向上移动,食指稍加力向前推动以适应待清点钞票的厚度。

这种点钞法采用分组记数法,每一组记为一个数,数到 25 组为 100 张。

2　手按式点钞法

手按式点钞法(见图2-15)分为手按式单指单张点钞法和手按式多指多张点钞法两种。

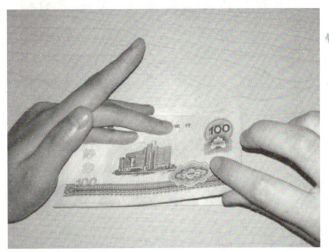

图2-15　手按式点钞法示例

手按式单指单张点钞法是常采用的方法之一。这种方法简单易学,便于挑拣残损券,适用于收款、付款工作的初、复点。其操作要点是:

将钞票平放在桌子上,两肘自然放在桌面上。以钞票左端为顶点,与身体成45°角,左手小指、无名指按住钞票的左上角,用右手拇指托起右下角的部分钞票,用右手食指捻动钞票,每捻起一张,左手拇指即往上推动到食指、中指之间夹住,完成一次动作后再依次连续操作。在完成这些动作的同时,采用1、2、3……自然记数方法,即可将钞票清点清楚。此法与手持式相比,点钞的速度要慢一些,但点钞者能够看到较大的票面。

手按式多指多张点钞法的操作要点是:将钞票平放在桌子上,两肘自然放在桌面上。以钞票左端为顶点,与身体成45°角,左手小指、无名指按住钞票的左上角,右手掌心向下,拇指放在钞票里侧,挡住钞票。食指、中指、无名指、小指指尖依次由钞票右侧外角向里向下逐张拨点,一指拨点一张,拨点四张为一组,依次循环拨动。每点完一组,左手拇指将点完的钞票向上掀起,用食指与中指将钞票夹住。如此循环往复。这种点钞法采用分组记数法,每一组记为一个数,数到25组为100张。

3　扇面式点钞法

扇面式点钞法(见图2-16)的操作要点是:将钞票捻成扇面形,右手一指或多指依次清点,如果是一指清点即为扇面式一指多张点钞法;如果是四个手指交替拨动,分组点,一次可以点多张,即为扇面式多指多张点钞法。这种点钞法清点速度快,适用于收、付款的复点,特别适用于大批成捆钞票的内部整点。但是这种方法清点时不容易识别假票、夹杂券,所以不适于收、付款的初点。此法需要较高的点钞技术,一般单位的出纳不易掌握。

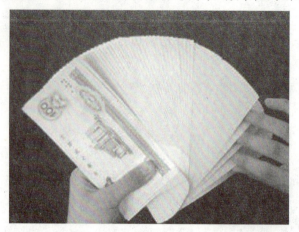

图2-16　扇面式点钞法示例

(三)机器点钞技术

机器点钞就是使用点钞机整点钞票以代替手工整点。使用机器点钞代替手工点钞,对提高工作效率、减轻出纳人员劳动强度、改善临柜服务态度、加速资金周转都有积极的作用。随着金融事业的不断发展,出纳的收付业务量也日益增加,机器点钞已成为银行出纳点钞的主要方法。

1 点钞机的种类和组成

点钞机(见图2-17)是一种自动清点钞票数目的机电一体化装置,一般带有伪钞识别功能,是集计数和辨伪钞票功能于一体的机器。由于现金流通规模庞大,银行出纳柜台现金处理工作繁重,点钞机已成为不可缺少的设备。

图2-17　点钞机

(1)点钞机的种类

根据功能来分,点钞机可分为全智能型点钞机、半智能型点钞机和普通型点钞机。

根据形式来分,点钞机可分为卧式点钞机、立式点钞机、吸气式点钞机等。

(2)点钞机的组成

点钞机由以下三大部分组成:捻钞、计数和传送整钞。捻钞部分由下钞斗和捻钞轮组成。其功能是将钞券均匀地捻下送入传送带。计数部分(以电子计数器为例)由光电管、灯泡、计数器和数码管组成。捻钞轮捻出的每张钞券通过光电管和灯泡后,由计数器记忆并将光电信号轮换到数码管上显示出来。传送整钞部分由传送带、接钞台组成。传送带的功能是传送钞券并拉开钞券之间的距离,加大票币审视面,以便及时发现损伤券和假币。接钞台是将落下的钞券堆放整齐,为扎把做好准备。

2　点钞机的使用方法

(1)点钞前的准备工作

放置好点钞机。将点钞机平放在桌面正前方,离胸口30厘米左右。

(2)放置好钞券和工具

机器点钞多是连续作业,速度较快,因此,为保证点钞的准确性,一般将待点钞票按面值从大到小或从小到大依次放于点钞机右侧,切忌大小票据夹杂摆放;清点无误并捆扎完的钞票放在机器的左侧;腰条应横放在点钞机前即靠近点钞员胸前的那一侧,其他各种用具放置要适当、顺手。

(3)试机

打开电源,检查捻钞轮、传送带、接钞台运行是否正常,灯泡、数码管显示是否正常。

3　点钞机的操作程序

点钞机的操作程序与手工点钞操作程序基本相同。

(1)持钞拆把

①用右手从机器右侧拿起钞券,右手拇指与中指、无名指、小指分别捏住钞券两侧,拇指在里侧,其余三指在外侧,将钞券横捏成瓦形,食指弯曲勾断腰条。

②右手拇指和其余四指分别捏住钞券正反面,使钞券弹回原处并自然形成微扇面,这样即可将钞券放入下钞斗。

(2)点数

①将钞券放入下钞斗,不要用力。钞券通过捻钞轮自然下滑到传送带,记数后落到接钞台。

②下钞时,点钞员眼睛要注意传送带上的钞券面额,看钞券是否夹有其他票券、残损券、假钞等,同时要观察数码管显示情况。一般当假钞通过时点钞机会自动鸣笛,停止运转。

（3）捆钞

①当下钞斗和传送带上的钞券下钞完毕时，左手迅速取出。一把点完，计数为百张，即可扎把。扎把时，左手拇指在钞券上面，手掌向上，将钞券从接钞台里拿出，把钞券墩齐后进行扎把。

②如反映的数字不为"100"，必须重新复点。在复点前应先将数码显示置"00"状态并保管好原把腰条纸。如经复点仍是原数，又无其他不正常因素时，说明该把钞券张数有误，应将钞券连同原腰条一起用新的腰条扎好，并在新的腰条上写好差错张数，另作处理。

（4）盖章

复点完全部钞券后，点钞员要逐把盖好名章。盖章时要做到先轻后重，整齐，清晰。

（四）硬币整点方法

硬币的整点方法一般分为两种，即手工整点和工具整点。

（1）手工整点硬币

手工整点硬币（见图2-18）一般用于收款、收点硬币尾零款，以一百枚为一卷，一次可清点五枚、十二枚、十四枚或十六枚，最多的可一次清点十八枚，主要是依个人技术熟练程度而定。其操作方法如下：

图2-18 手工整点硬币

①拆卷。右手持硬币卷的1/3部位，放在待清点完包装纸的中间，左手撕开硬币包装纸的一头，然后右手大拇指向下从左到右打开包装纸，把纸从卷上面压开后，左手食指平压硬币，右手抽出已压开的包装纸，即可准备清点。

②清点。清点时由右向左分组清点，以右手拇指和食指持币分组清点，为保证清点的准确性，可用中指从每组中间分开查看，如一次清点十四枚硬币，可从中间分开，一边七枚；如一次清点十六枚硬币，可从中间分开，一边八枚。

③记数。采用分组记数法，每一组为一次，每组的枚数相同，如一组点十四枚，则记七次后余两枚即一百枚；如一组点十六枚，则记六次后余四枚即一百枚。如果是以五十枚来进行包装的，则记数应更改，如一组点十六枚，则记三次后余两枚；如一组点十二枚，则记四

次后余两枚。

④包装。硬币清点完毕后,用双手的无名指分别顶住硬币的两头,用拇指、食指、中指捏住硬币的两端,将硬币取出放在已准备好的包装纸1/2处,用双手拇指把里面的包装纸向外掀起掖在硬币底部,再用右手掌心用力向外推卷,然后用双手的中指、食指、拇指分别将两头包装纸压下均贴至硬币,这样使硬币两头压三折,包装完毕。

(2)工具整点硬币

工具整点硬币是指用硬币整点器(见图2-19)整点硬币。可分为拆卷、清点、包装和盖章四个步骤,具体操作方法如下:

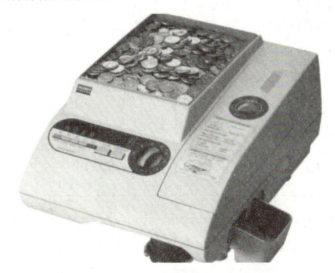

图2-19 硬币整点器

①拆卷。拆卷可使用两种方法:一是刀划法拆卷。在硬币整点器的右端安装一个刀刃向上的刀片,拆卷时用双手的拇指捏住硬币的两端,从左向右在刀刃上划过,使包装纸被刀刃划开一道口,硬币进入整点器盘内,然后把划开的包装纸取出准备清点。二是震裂法拆卷。用双手的拇指、食指和中指捏住硬币的两端向下震动,在震动的同时左手向里扭动,注意用力要适度,不要将硬币震散。在包装纸震裂后,取出已震裂的包装纸准备清点。

②清点。硬币放入整点器内进行清点,用双手食指捏在整点器的两端,拇指推动整点器上的弹簧轴,眼睛从左端看到右端,看清每格内的硬币是否有五枚,一次看清。

③包装和盖章。此步骤与手工整点的方法相同。

三、任务实施

(1)出纳林阳做好点钞之前的准备工作:①把钞票顺着点钞的方向,放在正前方;②扎钞条顺着右手抽钞条的方向,放在右边;③准备笔和名章,放到右边。

(2)端正坐姿,保持身体的自然与平衡。

(3)拿起钞票,拆去扎钞纸,选用合适的点钞法进行点钞,手持式单指单张法较常用。

(4)点钞完毕后,捆扎,盖章,放到保险箱保存。

任务四 出纳凭证的填制和审核

一、布置任务

2017年4月5日,出纳林阳有两笔业务:

(1)营销部营销专员李磊出差归来,退回结余款200元,需填制收款收据,收款收据如图2-20所示。

收 款 收 据

年　月　日　　　　　　　　　　　　　　NO.0000000

交款单位:＿＿＿＿＿＿＿＿＿＿＿＿＿＿＿＿＿＿＿＿＿＿＿＿＿＿＿＿

人民币(大写) 拾　万　仟　佰　拾　元　角　分(小写) ＿＿＿＿＿＿＿

交款事由:＿＿＿＿＿＿＿＿＿＿＿＿＿＿＿＿＿＿＿＿＿＿＿＿＿＿＿＿

＿＿＿＿＿＿＿＿＿＿＿＿＿＿＿＿＿＿＿＿＿＿＿＿＿＿＿＿＿＿＿＿＿

盖章(收款单位)　　　　　　　　　　　　签字(收款人)

第三联　记账

图2-20　收款收据

(2)取得增值税专用发票一张,需审核增值税专用发票是否合法有效,如图2-21所示。

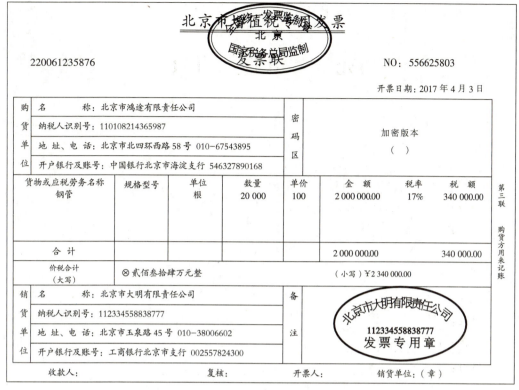

图 2-21　增值税发票

如果你是出纳林阳,请处理上述两笔业务。

二、相关知识

(一)填制凭证的基本技能

1　原始凭证的含义

原始凭证又称单据,是在经济业务发生或完成时取得或填制的,用以记录或证明经济业务的发生或完成情况,并作为记账原始依据的一种会计凭证,是出纳核算与会计核算中的原始材料和重要的证明文件。

2　填制原始凭证的基本要求

(1)原始凭证的内容包括:凭证的名称;填制凭证的日期;填制凭证单位名称或填制人姓名;经办人员的签名或者盖章;接受凭证单位名称;经济业务内容;数量、单价和金额。所有内容必须真实可靠,符合实际情况。

(2)自制原始凭证必须有经办单位领导人或者其指定的人员签名或盖章。对外开出的原始凭证,必须加盖本单位公章或财务专用章。

(3)凡填有大、小写金额的原始凭证,大写与小写金额必须相符,其书写按前述要求进行。

(4)购买实物的原始凭证,必须有验收证明;支付款项的原始凭证,必须有收款单位和收款人的收款证明。

(5)一式几联的原始凭证,应当注明各联的用途,且只能以一联作为报销凭证。

(6)一式几联的发票和收据,必须用双面复写纸(发票和收据本身具备复写纸功能的除外)套写,并连续编号。作废时应当加盖“作废”戳记,连同存根一起保存,不得撕毁。

(7)各种凭证填写时不得涂改、挖补,也不能用涂改液或修正液改正。若发现有误时,一般应重新填制;若可更正,应按规定方法进行,并在更正处由相关方签章。

3 几种常用原始凭证的填制

(1)收料单的填制

收料单是在外购的材料物资验收入库时填制的凭证,一般一式三联,一联由验收人员留底,一联交仓库保管人员据以登记明细账,一联连同发货票交财会部门办理结算。如图 2-22 所示。

收　　料　　单

(三联式)

No 0013751

请购单号 ________

发票号数 ________　　20×× 年　12 月　2 日　　字第 ________ 号

材料		单位	数量	发票金额									应摊运杂费	实际成本									材料账
编号	名称及规格			单价	金额									单价	金额								
					十	万	千	百	十	元	角	分			十	万	千	百	十	元	角	分	
	C40S	吨	25	17094.02	4	2	7	3	5	0	5	0		17094.02	4	2	7	3	5	0	5	0	

第二联：财务部门

核准　　会计　　记账 宋秋　　保管 陈强　　供应　　验收

图 2-22　收料单填制样例

(2)领料单的填制

领料单为自制原始凭证(见图 2-23)。为了便于分类汇总,领料单要“一料一单”地填制,即一种原材料填写一张单据。领用原材料需经领料车间负责人批准,方可填制领料单;车间负责人、收料人、仓库管理员和发料人均须在领料单中签章,无签章或签章不全的均属无效,不能作为记账的依据。

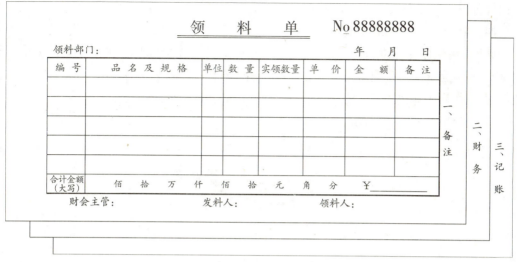

图 2 - 23　领料单样例

（3）限额领料单的填制

限额领料单是一种一次开设、多次使用、领用限额已定的累计凭证。在有效期（最长 1 个月）内，只要领用数量累计不超过限额就可以连续使用。限额领料单样例如图 2 - 24 所示。

限　额　领　料　单

领料部门：生产车间　　　　　　　　　　　　　　发料仓库：2 号
用　途：B 产品生产　　　　　20×× 年 2 月　　　编　　号：008

材料类别	材料编号	材料名称及规格	计量单位	领料限额	实际领用	单价	金额	备注
型钢	0348	圆钢 Φ10mm	公斤	500	480	4.40	2112	

| 日期 | 请领 | | 实　　　发 | | | 限额结余 | 退库 | |
	数量	签章	数量	发料人	领料人		数量	退库单
2.3	200		200	姜同	王立	300		
2.12	100		100	姜同	王立	200		
2.20	180		180	姜同	王立	20		
合计	480		480			20		

供应部门负责人　李微　　生产计划部门负责人　佟伟　　仓库负责人签章　刘俊

图 2 - 24　限额领料单样例

每月开始以前，应由供应部门根据生产计划、材料消耗定额等有关资料，按照产品和材料分别填制限额领料单。在限额领料单中，要填明领料单位、材料用途、发料仓库、材料名称及根据本月产品计划产量和材料消耗定额计算确定的全月领料限额等项目。限额领料单一般一式两联，经生产计划部门和供应部门负责人审核签章后，一联送交仓库据以发料，登记材料明细账;一联送交领料单位据以领料。

（4）增值税普通发票的填制

填制增值税普通发票时,首先要写清购货单位的名称全称,不能过于简略(如仅填写××公司,而不写明是××市公司还是××县公司),然后按凭证格式和内容逐项填列齐全。发货票要如实填写,不能按购货人的要求填写。经办人的签章和单位的公章都要盖全。增值税普通发票样例如图2-25所示。

图2-25 增值税普通发票样例

（5）增值税专用发票的填制

增值税专用发票是一般纳税人于销售货物时开具的销货发票,一式四联,销货单位和购货单位各两联。其中留销货单位的两联,一联存有关业务部门,一联为会计机构的记账凭证;交购货单位的两联,一联为购货单位的结算凭证,一联为税款抵扣凭证。购货单位向一般纳税人购货,应取得增值税专用发票,因为只有专用增值税发票税款抵扣联支付的进项税才能在购货单位作为"进项税额"列账,销货单位也不会漏税,否则销货单位漏税,就会给国家带来损失。增值税专用发票样例如图2-26所示。

图 2 - 26　增值税专用发票样例

（6）发料凭证汇总表的填制

工业企业在生产过程中领发材料比较频繁，业务量大，同类凭证也较多。为了简化核算手续，需要编制发料凭证汇总表。编制时间根据业务量的大小确定，可 5 天、10 天、15 天或 1 个月汇总编制一次。汇总时，要根据实际成本计价（或计划成本计价）的领发料凭证、领料部门及材料用途分类进行。发料凭证汇总表样例如图 2 - 27 所示。

发料凭证汇总表

2017 年 2 月 28 日　　　　　　　　　　　　　　　　单位:元

会计科目（用途）	领料部门	原材料	燃料	合计
生产成本	A 产品生产车间	6600		6600
	B 产品生产车间	2112		2112
	小计	8712		8712
制造费用	车间一般耗用	220		220
管理费用	管理部门耗用	110		110
合　计		9042		9042

图 2 - 27　发料凭证汇总表样例

（二）审核原始凭证的技能

为了准确地反映和监督各项经济业务,确保会计资料真实、正确、合法,各种原始凭证除由经办业务部门审核以外,还要由会计部门进行审核。

1 审核内容

出纳对原始凭证的审核内容主要包括以下两个方面:

（1）政策性审核。主要是审核原始凭证所记录的货币收支业务的合法性、合理性和真实性。

（2）技术性审核。主要是审核原始凭证的格式、内容和填制手续是否符合规定,是否具有原始凭证的合法效力。

2 审核办法

在出纳工作中,原始凭证的审核归纳为"八审八看":

（1）审核原始凭证所记货币收支业务,是否符合财会制度和开支标准;

（2）审核抬头,是否与本单位（或报账人）名称相同;

（3）审核原始凭证日期,是否与报账日期相近;

（4）审核原始凭证的财务签章,是否与原始凭证的填制单位名称相符;

（5）审核原始凭证联次,是否恰当正确;

（6）审核原始凭证金额,是否计算正确;

（7）审核原始凭证大小写金额,是否一致;

（8）审核原始凭证的票面,是否有涂改、刮擦、挖补等现象。

3 注意事项

（1）形式审核

确认票据是否符合财务规定,是否按公司财务规定填制内部凭证,是否有正式发票。各类内部收据、印章不全或伪造变造的票据不能报销。报销凭证应由报销人亲自填写,并将原始发票单据整齐地粘贴在报销凭证左上角的背面,若是用支票支付的款项,还应将支票存根粘贴在发票背面。

（2）内容审核

审核各类凭证的项目、金额、日期等事项是否属实,是否符合公司财务制度规定,是否有经办人签字。审核原始发票和各项票据的合计金额是否与报销凭证上的金额一致,并将上述资料与采购单、申请书、合同等其他相关资料进行核对。审核原始票据的各项内容是否填写齐全,发票业务类别是否与支出事项一致。

（3）授权审核

出纳应认真审核报销票据是否符合公司审批规定，并经公司各级领导签章确认。

（4）完整性审核

出纳应认真审核原始票据的完整性，对于如差旅费、市内交通费及其他定期汇总报销的单据，出纳应认真清点报销凭证所附发票、定额发票、车票等原始票据的数量，确保原始票据汇总金额与报销凭证上的金额一致。

（5）预算审核

出纳应随时查看各项支出是否已达当月该项费用预算限额，如已达到或超过预算则不应支出，待修改预算并经公司审批后再支出。

三、任务实施

1 填写原始凭证

（1）出纳林阳核对借款单、报销单等原始凭证，核实结余款为退回款项200元。

（2）填写一式三联的收款收据，盖章后，将第二联交付付款人，如图2-28所示。

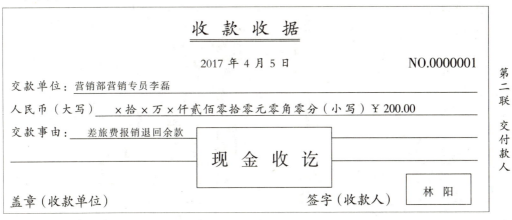

图2-28　收款收据样例(1)

（3）将收款收据第一联用于存根，第三联传递给制证人员，填制记账凭证，如图2-29所示。

收款收据

2017 年 4 月 5 日   NO.0000001

交款单位：营销部营销专员李磊

人民币（大写）   ×拾×万×仟贰佰零拾零元零角零分（小写）￥200.00

交款事由：差旅费报销退回余款

现 金 收 讫

盖章（收款单位）   签字（收款人）   林 阳

第三联 记账

图 2-29　收款收据样例（2）

2　审核原始凭证

（1）采购员将增值税专用发票抵扣联（见图 2-30）和发票联（见图 2-31）传递给出纳林阳。

（2）出纳林阳依据"八审八看"审核办法，审核增值税专用发票抵扣联和发票联是否真实、有效、合法。

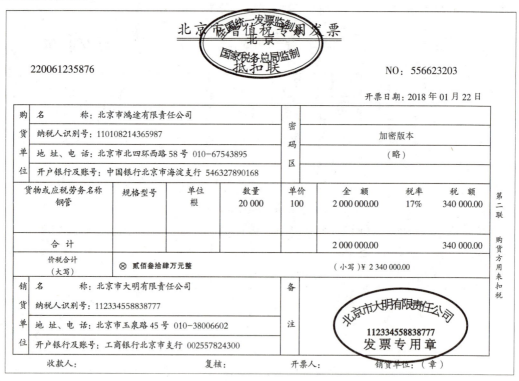

图 2-30　增值税专用发票样例（1）

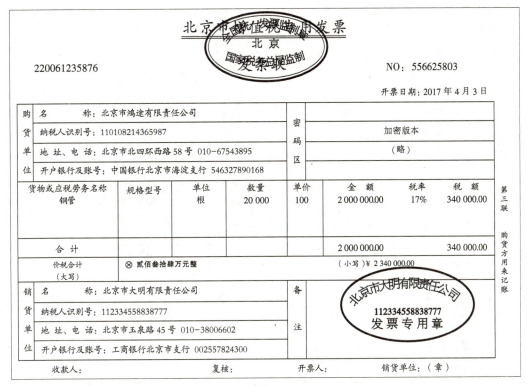

图 2 – 31　增值税专用发票样例(2)

(3)审核无误后,出纳林阳将原始凭证传递给制证会计周彤,填制记账凭证(表略)。

任务五　出纳账簿的设置、登记、核对和计算

一、布置任务

2017 年 4 月 6 日,制证会计传递记账凭证如下:

(1)依据 4 月 5 日收款收据填制的记账凭证(见图 2 – 32)。

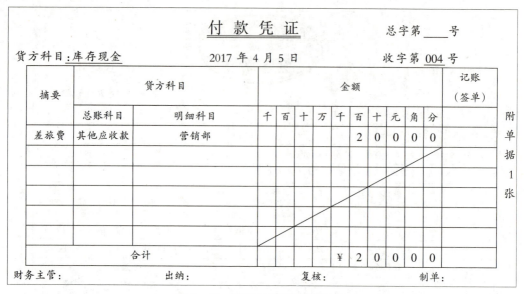

图 2-32　记账凭证填制样例(1)

(2)依据 4 月 6 日增值税抵扣联和发票联填制的记账凭证(见图 2-33)。

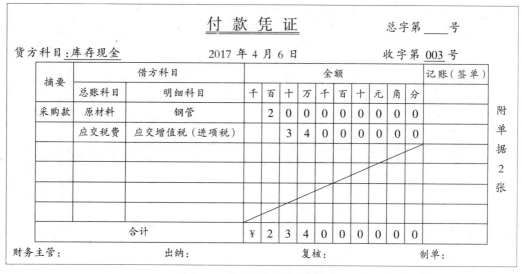

图 2-33　记账凭证填制样例(2)

如果你是出纳林阳,请依据记账凭证登记日记账。

二、相关知识

出纳账簿是以会计凭证为依据,全面、连续地反映货币资金收付业务的账簿,主要是现金日记账和银行存款日记账及有关的备查账簿。

（一）出纳账簿的设置与启用

1 出纳账簿设置的基本要求

每个单位都必须设置现金日记账和银行存款日记账,这两个账簿是国家财政部门建账监管的主要账簿。现金日记账和银行存款日记账必须采用三栏式的订本式账簿,不得用银行对账单或其他方法代替日记账。备查账簿可根据每个单位的具体情况设置。

2 出纳账簿的启用和交接

在启用会计账簿时,应当在账簿封面上写明单位名称和账簿名称,在账簿扉页上附启用表(见图2-34),其内容包括:启用日期,账簿页数,记账人员和会计机构负责人、会计主管人员姓名及其签章,并加盖单位公章。

出纳人员因工作变动需调换时,新老出纳人员必须办理交接手续,交接时,在有关出纳账簿扉页上注明交接日期、接办人员或监交人员姓名,并由交接双方人员签名或盖章。必要时,在会计主管人员或有关责任人主持下进行交接,点清库存现金及各种有价证券,交出空白发票或收据、支票、印鉴和账簿等,复写一式多份的会计交接手续说明和财产物资清单,并由交接双方和监交人员一起在上面签章。

账簿启用和经管交接表

单位名称	北京市鸿途有限责任公司		账簿名称	现金日记账			
账簿编号	自第　　号起至第　　号止共　　号					单位	尧 王 印 玉
账簿页数	自第 1 页起至第 100 页止共 100 页						
启用日期	2017 年 1 月 1 日						
经管人员	职称	经管或接交日期		称交日期		签章	备注
林阳	会计师	2017 年 1 月 1 日		年 月 日			
		年 月 日		年 月 日			
		年 月 日		年 月 日			

图2-34　出纳账簿启用表样例

（二）现金日记账和银行存款日记账登账的基本要求与规则

1 启用现金日记账和银行存款日记账的基本要求

启用订本式现金日记账和银行存款日记账后,应当从第一页到最后一页按顺序编写页数,不得跳页、缺页。登记中不得撕毁其中任何一页,即使作废也应保留。

2 日记账登账的要求与规则

(1)出纳账必须根据审核无误的会计凭证进行登记。出纳人员认为有问题的会计凭证,应提供给会计主管进一步审核,由会计主管按照规定做出处理决定。出纳人员不能擅自更改会计凭证,更无权随意处置原始凭证。对于有问题而又未明确解决的会计凭证或经济业务,出纳应拒绝入账。

(2)登记出纳账应按第一页到最后一页的顺序进行,不得跳行、隔页、缺号。如果发生了跳行、隔页,不能因此而撕毁账页,也不得任意涂改,而应在空白行或空白页的摘要栏内,划红色对角线予以注销,或者注明"此行空白"或"此页空白"字样,并由记账人员签章。订本式日记账严禁撕毁账页。

(3)出纳日记账应该每天逐笔登记,每日结出余额。现金日记账余额每天还要与库存现金进行核对。

(4)登记出纳日记账时,应当将所依据的会计凭证日期、编号、业务内容摘要、金额和其他有关资料逐项记入账内,做到数字准确、摘要清楚、登记及时、字迹工整。

(5)日记账中书写的文字和数字上面要留有适当空格,不要写满格,一般应占格距的二分之一至三分之一。

(6)登记日记账要用蓝黑墨水或碳素墨水书写,不得使用圆珠笔、铅笔书写。红色墨水只能在结账划线、划线更正错误和红字冲账时使用。

(7)每一账页登记完毕结转下页时,应当结出本页合计数及余额,写在本页最后一行和下页第一行的相关栏内,并分别在摘要栏内注明"过次页"和"承前页"字样;也可将本页合计数及金额只写在下一页第一行的相关栏内,并在摘要栏内注明"承前页"字样。

(8)在登账过程中发生账簿记录错误的,不得刮、擦、挖、补,更不允许采用褪色药水或修正液进行更正,也不得更换账页重抄,而应根据错误的具体情况,采用正确的方法予以更正。现金日记账簿登记样例如图 2 - 35 所示。

现金日记账

2017年		凭证		摘要	对应科目	收入(借方)金额									支出(贷方)金额									借或贷	结存金额								
月	日	字	号			百	十	万	千	百	十	元	角	分	百	十	万	千	百	十	元	角	分		百	十	万	千	百	十	元	角	分
10	1			月初余额																				借				1	4	0	0	0	0
	8	付	1	提现金备用	银行存款				1	6	0	0	0	0										借				3	0	0	0	0	0
	8	付	2	报销差旅费	管理费用														1	7	2	0	0	借				2	8	2	8	0	0
	8	付	3	预借差旅费	其他应收款													8	0	0	0	0	借				2	0	2	8	0	0
	8	付	4	提现备发工资	银行存款			3	8	5	0	0	0	0										借			4	0	5	2	8	0	0
	8	付	5	发放工资	应付工资												3	8	5	0	0	0	0	借				2	0	2	8	0	0
	8			本日合计				4	0	1	0	0	0	0			3	9	4	7	0	0	0	借				2	0	2	8	0	0
...	...			......	......																												
	31			本日合计					5	0	1	6	0	0				1	3	2	8	0	0	借				5	7	1	6	0	0
10	31			本日合计				1	3	5	6	5	3	0	0		1	3	1	3	3	7	0	0 借				5	7	1	6	0	0

图 2 - 35 现金日记账簿登记样例

（三）日记账的对账与结账

1 日记账的对账

对账是对出纳账簿记录所进行的核对工作。对账工作是保证账账、账证、账实、账表相符的重要条件。出纳账的对账包括：

（1）账证核对是指出纳账记录与据以登账的会计凭证之间的核对，检查两者的时间、凭证字号、内容、金额是否一致，要求做到账证相符。

（2）账账核对是指出纳的现金日记账和银行存款日记账要与会计掌管的现金和银行存款总账核对，要求做到账账相符。

（3）账实核对是指每日的现金日记账余额与库存现金实有数相核对；银行存款出纳账定期与单位在银行的实际存款（用银行对账单代替）金额核对，要求做到账实相符。

（4）账表核对是指每期会计报表中的现金和银行存款数必须与出纳账的数字相核对，做到账表相符。

2 日记账的结账方法

（1）结账前，必须将本期内所发生的各项现金和银行存款收付业务全部登记入账。

（2）结账时，结出"现金"和"银行存款"账户的本月（年）发生额和期末余额。结账分为月结和年结。月结时，在摘要栏内注明"本月合计"字样，并在下面通栏画单红线即可；年结时，在摘要栏内注明"本年累计"字样，并在下面通栏画双红线。

（3）年度终了，将"现金"和"银行存款"账户的余额结转到下一会计年度，并在摘要栏内注明"结转下年"字样；在下一会计年度新建的"现金"和"银行存款"的日记账的第一页第一行的摘要栏内注明"上年结转"字样，并将金额填入余额栏。

（四）出纳备查账的设置与登记

出纳人员保管和经手大量的有价证券和重要的票证，为了详细地了解其使用、结存及其他情况，出纳人员应当根据需要设置相关的备查账簿。

1 支票领用登记簿

支票领用登记簿的内容一般包括：领用日期、支票号码、领用人、用途、收款单位、限额、批准人、销号等。出纳人员在领用支票时，要在登记簿"领用人"栏内签名或盖章；领用人将支票的存根或未使用的支票交回时，应在登记簿"销号"栏销号并注明销号日期。支票领用登记簿样例如图 2 - 36 所示。

支票领用登记簿

日期	支票类型	支票号码	用途	金额	领用人	核准人	销号
2017 年 1 月 13 日	现金支票	XIV00000200	备用金	10 000.00 元	林阳	冯泽轩	

图 2-36 支票领用登记簿样例

2 应收票据(银行承兑汇票)备查登记簿

应收票据(银行承兑汇票)备查登记簿的内容一般包括日期、凭证号、出票单位、出票日、到期日、承兑人、票面金额、利率、承兑或贴现、背书或转让、期末余额等信息。具体操作中,出纳人员应逐笔登记每一应收票据的种类、号数、出票日期、票面金额、票面利率、交易合同号,付款人、承兑人、背书人的姓名或单位名称,到期日、背书转让日、贴现日期、贴现率、贴现净额、未计提的利息,以及收款日期和收回金额、退票情况等资料。应收票据到期结清票款或退票后,应当在备查簿内逐笔注销。应收票据(银行承兑汇票)备查登记簿样例如图 2-37 所示。

应收票据(银行承兑汇票)备查登记簿

单位:元

应收票据情况记录						承兑银行	转让单位	贴现		承兑	
收票日期	票号	出票单位	出票日	到期日	票面金额			日期	金额	日期	金额
2017 年 2 月 1 日	A000002	北京恒通橡胶有限公司	2017 年 1 月 1 日	2017 年 5 月 31 日	50 000.00	北京海河工商银行					
2017 年 2 月 8 日	A000002	北京恒通橡胶有限公司	2017 年 1 月 1 日	2017 年 6 月 30 日	100 000.00	北京鞍山道中国银行					

图 2-37 应收票据(银行承兑汇票)备查登记簿样例

3 应付票据备查登记簿

应付票据备查登记簿的内容一般包括:票据种类、开票项目、收款单位、合同号、票据号码、出票日期、到期日期、金额等。具体操作中,出纳人员应详细登记每一应付票据的种类、号数、签发日期、到期日、票面金额、票面利率、合同交易号、收款人姓名或单位名称,以及付款日期和金额等资料。应付票据到期结清时,出纳人员应当在备查簿内逐笔注销。应付票据登记簿样例如图 2-38 所示。

应付票据备查簿

编制单位:北京小精灵公司　　　　　日期:2017 年 4 月 3 日　　　　　单位:万元

序号	汇票种类	开票项目	收款单位	交易合同号	票据号码	出票日期	到期日期	开票金额	保证金	汇票金额	是否注销	备注1	备注2
1	银行承兑汇票	××项目	北京洋成商贸有限责任公司	78861308102	201155060	20130603	20130603	60.00	0	60.00	是		
2	银行承兑汇票	××项目	广西盛达混凝土有限公司	78861308103	201155061	20130603	20130603	40.00	0	40.00	是		
3	银行承兑汇票	××项目	广西洋成商贸有限责任公司	78861308143	21155851	20130603	20130603	35.00	0	35.00	否		
4	银行承兑汇票	××项目	北京恒通橡胶有限公司	7886130080145	21155964	20130603	20130603	50.00	0	50.00	否		
5	银行承兑汇票	××项目	内蒙古邦尼工贸有限公司	788613000149	21156049	20130603	20130603	20.00	0	20.00	否		

图 2−38　应付票据登记簿样例

4　发票(收据)领用登记簿

发票领用登记簿的内容一般包括:开票日期、单位名称、发票类别、发票号码、金额、领票人签字等。具体操作中,出纳人员应详细登记增值税专用发票及普通发票的领购、填开、缴销、结存等情况。发票领用登记簿样例如图 2−39 所示。

发票领取登记簿

单位:元

序号	开票日期	单位名称	发票类别	发票号码	金额(含税)	名称	取票人签字
1	2017 年 10 月 8 日	北京海河贸易有限公司	专用发票	AS12345	12 343.00	XXX	王虎
2	2017 年 11 月 5 日	北京津海投资有限公司	专用发票	TP34545	22 256.00	YYY	李亮
3	2017 年 11 月 23 日	北京恒通销售有限公司	普通发票	AS12876	10 000.00	AAA	郝仁
4	2017 年 12 月 8 日	北京海河贸易有限公司	普通发票	AS12679	30 000.00	DDD	赖红

图 2−39　发票领用登记簿样例

5　有价证券登记簿

有价证券登记簿的内容一般包括:证券名称、券别、购买日期、号码、数量和金额等。具体操作中,出纳人员应详细记载单位有价证券的名称、券别、购买日期、号码、数量和金额等项目。

三、任务实施

1 库存现金日记账登账

（1）出纳林阳审核制证会计传递的收款凭证及所附原始凭证是否与真实发生业务一致，根据审核无误的记账凭证登记库存现金日记账（见图2-40）。

库存现金日记账

2017年		凭证编号	摘要	对应科目	借方									贷方									金额								
月	日				百	十	万	千	百	十	元	角	分	百	十	万	千	百	十	元	角	分	百	十	万	千	百	十	元	角	分
			承前页				2	5	0	0	0	0	0				5	0	0	0	0	0			2	0	0	0	0	0	0
4	6		差旅费	其他应收款				2	0	0	0	0													2	0	0	0	0	0	0

图2-40　登记库存现金日记账

（2）出纳林阳账簿登记完毕后，将记账凭证传递给总账会计登记总账（表略）。

2 银行存款日记账登账

（1）出纳林阳审核制证会计传递的付款凭证及所附原始凭证是否与真实发生业务一致，根据审核无误的记账凭证登记银行存款日记账（见图2-41）。

银行存款日记账

2017年		凭证编号	摘要	对应科目	借方									贷方									金额								
月	日				千	百	十	万	千	百	十	元	角	分	千	百	十	万	千	百	十	元	角	分	千	百	十	万	千	百	十	元	角	分
			承前页		4	5	0	0	0	0	0	0	0	0	1	3	0	0	0	0	0	0	0	0	3	2	0	0	0	0	0	0	0	0
4	6		采购款	原材料												2	0	0	0	0	0	0	0	0	3	0	0	0	0	0	0	0	0	0
4	6		采购款	应交税费													3	4	0	0	0	0	0	0	2	9	6	0	0	0	0	0	0	0

图2-41　登记银行存款日记账

（2）出纳林阳账簿登记完毕后，将记账凭证传递给总账会计登记总账（表略）。

任务六　更正错账

一、布置任务

2017 年 4 月 6 日,出纳林阳在登记现金日记账时发现有 3 处登记错误:

(1)科目错误:4 月 6 日发生的办公费用报销,因一时疏忽,将应计入借方的"管理费用",错登为"财务费用"。

(2)金额错误,实际发生额大于登记额:4 月 6 日从银行提取备用金,实际金额为"10 000"元,错登为"1000"元。

(3)金额错误,实际发生额小于登记额:4 月 6 日差旅费借款时,将实际借款金额"2000"元,错登为"20 000"元。

如果你是出纳林阳,结账前应该怎么办?

二、相关知识

(一)错账查找方法

1　除二法

记账时稍有不慎,就很容易发生借贷方记反或红蓝字记反的错误,这简称为"反向"。它有一个特定的规律,即错账差数一定是偶数,将差数用二除得的商就是错账数,因此称这种查账方法为除二法。这是一种最常见而简便的查错账方法。

例如,某月资产负债表借贷的两方余额不平衡,其错账差数是 3 750.64 元,这个差数是偶数,它就存在"反向"的可能,那么我们可以计算 3 750.64/2 = 1 875.32 元,这样只要去查找 1 875.32 元这笔账是否记账反向就可以了。

如错误差数是奇数,那就没有记账反向的可能,也就不宜使用除二法来查。

2　除九法

在日常记账中常会发生前后两个数字颠倒、三个数字前后颠倒和数字移位的错误。它们共同的特点是错账差数一定是 9 的倍数,以及差数每个数字之和也是 9 的倍数。因此,这类情况均可应用除九法来查找。下面分三种情况来讲:

第一种情况是两数前后颠倒,除以上共同特点之外还有其固有的特点,就是错账差数用九除得的商是错数前后两数之差。例如:

（1）差数是 9，那么错数前后两数之差是 1，如 10、21、32、43、54、65、76、87、98 及其各"倒数"（这里的"倒数"是指个位与十位前后颠倒的错数，下同）。

（2）差数是 18/9＝2，那么错数前后两数之差是 2，如 20、31、42、53、64、75、86、97 及其各"倒数"。

（3）差数是 27/9＝3，那么错数前后两数之差是 3，如 30、41、52、63、74、85、96 及其各"倒数"。

（4）差数是 36/9＝4，那么错数前后两数之差是 4，如 40、51、62、73、84、95 及其各"倒数"。

（5）差数是 45/9＝5，那么错数前后两数之差是 5，如 50、61、72、83、94 及其各"倒数"。

（6）差数是 54/9＝6，那么错数前后两数之差是 6，如 60、71、82、93 及其各"倒数"。

（7）差数是 63/9＝7，那么错数前后两数之差是 7，如 70、81、92 及其各"倒数"。

（8）差数是 72/9＝8，那么错数前后两数之差是 8，如 80、91 及其各"倒数"。

（9）差数是 81/9＝9，那么错数前后两数之差是 9，如 90 及其"倒数"。

例如，将 81 误记 18，则差数是 63，以 63/9＝7，那么错数前后两数之差肯定是 7，这样只要查 70、81、92 及其各"倒数"即可。无须在与此无关的数字中查找。

第二种情况是三个数字前后颠倒，既具有共同特点外，也有其固定的特点，即三位数前后颠倒的错账差数都是 99 的倍数，差数用 99 除得的商即是三位数中前后两数之差。例如：

（1）三位数头与尾两数之差是 1，那么数字颠倒后的差数是 99，如 100—001、221—122、332—233、443—344、554—455、665—566、776—677、887—788、998—899，其差数都是 99。

（2）三位数头与尾两数之差是 2，那么数字颠倒后的差数则是 99 的两倍，即为 198，如 311—113、422—224、533—335、644—446、755—557、866—668、977—779，其差数都是 198。

（3）三位数头与尾两数之差是 3，那么数字颠倒后的差数则是 99 的三倍，即为 297，如 441—144、552—255、663—366、774—477、885—588、996—699，其差数都是 297。

（4）三位数头与尾两数之差是 4，那么数字颠倒后的差数则是 99 的四倍，即为 396，如 551—155、662—266、773—377、884—488、995—599，其差数都是 396。

（5）三位数头与尾两数之差是 5，那么数字颠倒后的差数则是 99 的五倍，即为 495，如 550—055、661—166、772—277、883—388、994—499，其差数都是 495。

（6）三位数头与尾两数之差是 6，那么数字颠倒后的差数则是 99×6＝594；头与尾数之差是 7，那么数字颠倒的差是 99×7＝693；头与尾数之差是 8，那么数字颠倒的差是 99×8＝792；头与尾数之差是 9，那么数字颠倒的差是 99×9＝891。

第三种情况是数字移位，或称错位，俗称"大小数"，这是日常工作中较容易发生的差错，它除了具有差数和差数每个数字之和是 9 的倍数的特点外，也有其固定的特点，即数字移位的错误，只要将差数用 9 除得的商就是错账数。

例如，2000 错记为 200 或 20 000，它的差数为 1800 和 18 000，它们的差数和每个数字之和都是 9 的倍数，将差数分别用 9 除得的商则是 200 和 2000，只要查找这些数字就能查到记账移位的错误了。

数字移位危害很大,如向前移一位,它的差数就虚增了9倍,向后移一位就虚减了90%,如不及时查出,就会严重影响会计核算的正确性。因此,对这些错账必须高度警惕,要及早发现并纠正,确保会计核算数字的正确。

"9"是个奇妙的数字,它的奇妙之处还有很多,上面两位数与其倒数的差数和三位数字与其倒数的差数是9的倍数,数字与其移位后的数字的差数也是9的倍数,其实任何数字与其倒数的差数都是9的倍数,而且任何四位顺序数与其倒数之差都是3087,如4321 - 1234、6432 - 2345、6543 - 3456 其差都是3087。任何五位数顺序数与其例数之差都是41 976,任何六位数顺序数与其倒数之差都是530 865,任何七位数顺序数与其倒数之差都是6 419 754……这些差数都是9的倍数。

还有一个奇怪的数字是12 345 679,若用9乘,积变成111 111 111;若用2×9 = 18乘,积变成9个2;若用3×9 = 27乘,积变成9个3;……若用9×9 = 81乘,积变成9个9。这些都说明了"9"的奇妙。因此,除九法在查错账中占据了重要的地位。

3 差数法

根据错账差数直接查找的方法叫作差数法。有以下两种错账可用此法:

第一种是漏记或重记,因记账疏忽而漏记或重记的一笔账,只要直接查找到差数的账就能查到错账,这类错账最容易发生在本期内若干笔同样数字的账上。

例如,错账差数是1000元,本期内发生1000元的账有10笔,此时,重复查找1000元的账是否漏记或重记就可以了。

第二种是串户,串户可分为记账串户和科目汇总串户。

先讲记账串户。例如,某公司在本单位有应收款和应付款两个账户,如记账凭证是借应收账款某公司500元,而记账时误记入借应付账款某公司500元,这就导致资产负债表双方是平衡的,但总账与分户明细账核对时,应收款与应付款各发生了差数500元,此时可以运用差数法,到应收账款或应付款账户中直接查找500元的账是否串户。

若科目汇总(合并)时,将借应收账款500元误作为借应付账款500元汇总了,同样在总账与分类明细账核对时,这两科目同时发生了差数500元,经过查对,如记账没有发生串户,那么必定是科目汇总(合并)时发生了差错,查明更正即可。

4 象形法

在核对账目表时,较多地遇到仅相差几分钱的错账,这类错账一般来说是因数字形状相像而发生的差错。根据其数字形状象形的规律去查找错账的方法命名为"象形法",按其差数一般有如下规律:

(1)如差数是1,可能是3与2,5与6之误。

(2)如差数是2,可能是3与5,7与9之误。

（3）如差数是 3，可能是 3 与 6，6 与 9 之误。

（4）如差数是 4，可能是 1 与 5，4 与 8 之误。

（5）如差数是 5，可能是 1 与 6，2 与 7，3 与 8 之误。

（6）如差数是 6，可能是 0 与 6，1 与 7 之误。

（7）连续同数字的账，容易发生少计或多计一位同数，如 833 330 容易误记为 833 333 或 833 300，如差数是 3 或 30 并有连续数字的账，就可复查一下。

5 追根法

若一笔错账已查了许久，且本期发生额经查都正确无误，但会计账表就是不平衡，在这种情况下不妨运用"追根法"去追查上期结转数字，并逐笔核对结转是否出差错，问题可能恰恰出在那个"源头"上。

这是因为会计账表的平衡关系是绝对的，假如本期发生额确实查明正确无误，那么必然是期初数（上期结转数）在结转记账时有差错。

6 顺查法

当错账发生笔数较多，各种错账混杂一起，且不能用一种方法查出时，那就必须用顺查法来查。查账程序基本上与记账程序一样，每查对一笔就在账的后端做一个记号，这样逐笔查下去就能查出。在顺查时一定要仔细认真，并结合以上方法。总之，不要被错账的假象蒙蔽，否则又必须从头查起。只要仔细认真去查，错账一定会暴露出来的。

7 优选法

为了能较快地查出错账，必须在各种查错账方法中进行优选和在查错账的程序上进行优选。

查错账方法上的优选，首先要根据错账差数进行分析，选定查账方法，适用两种方法以上的应按"先易后难、先逆查后顺查"的优选程序进行。查错账的速度与查错账方法的选择得当与否有关。

查错账程序上的优选，就是确定先查什么时间的错账较好，同时也要依企业大小而定，一般采用三分法。如某企业一月份资产负债表不平衡，其差数是资产方多 1001 元。本月记账凭证共三册共 1—30 号，那么就将第一册 1—10 号的各科目余额先进行试算是否平衡，若不平衡，差数也是 1001 元，这就说明错账发生在第一册 1—10 号的账上。若 1—10 号是平衡的，这说明错账在 11 号凭证以后的账上，那么再将第二册 11—20 号上的总账各科目余额进行试算，试算后即可确定错账是发生在第二册 11—20 号凭证还是在第三册 21—30 号凭证上。这样，错账的目标缩小了，就便于集中精力在小范围内查找错账。

(二)错账更正的方法

1 画线更正法

画线更正法是指用红线注销原有错误记录,然后在红线上写入正确记录并更正错误的一种错账更正方法。

适用范围:结账以前发现账簿记录中文字或数字有错误,而其所依据的记账凭证没有错误,即纯属记账时文字或数字的笔误的情况。

更正方法:先在错误的文字或数字上画一条红色横线,表示注销,但必须使原有字迹仍可辨认,以备考查;然后在画线上方空白处用蓝字写上正确的文字或数字,并由记账人员在更正处盖章,以明确责任。必须注意的是,对于文字错误,可只画去错误的部分。对于数字错误,必须将整笔数字用红线全部画去,不能只画去其中几个错误数字。

例1:某企业出纳王明在登记日记账时,误将报销办公费2100元写成1200元。这种情况可采用画线更正法(见图2-42):

(1)找到登记错误的数字1200元,将整个数字用单红线画去。

(2)在画线的数字上方预留空格内填入蓝色或黑色的正确数字2100元。

(3)出纳人员在更正处盖章,以示负责。

库存现金日记账

2017年 月	日	凭证编号	摘要	对应科目	借方 百	十	万	千	百	十	元	角	分	贷方 百	十	万	千	百	十	元	角	分	余额 百	十	万	千	百	十	元	角	分
3	31		期末余额																						2	0	0	0	0	0
4	6	收004	差旅费	其他应收款					2	0	0	0	0											2	0	2	0	0	0	0
4	6	付004	报销办公费	管理费用												2	1	0	0	0	0		1	8	1	0	0	0	0
																~~1~~	~~2~~	~~0~~	~~0~~	~~0~~	~~0~~									

图2-42 画线更正法样例

2 红字更正法

红字更正法又称赤字冲账法、红字冲账法,是指用红字冲销或冲减原记数额,以更正或调整账簿记录错误的一种方法。

(1)红字冲销法

红字冲销法的适用范围:根据记账凭证所记录的内容记账以后,在当年内发现记账凭证中应借应贷的会计科目错误或记账方向错误。

更正方法:先以红字金额填写一张与原错误记账凭证中内容完全相同的记账凭证,在摘要栏注明"注销某月某日某号凭证"字样,并据以用红字登记入账,冲销原有错误的记账记录;同时再用蓝字或黑字重新填制一张正确的记账凭证,在摘要栏内注明"更正某月某日某号凭证"字样,并据以用蓝字或黑字登记入账。

例2:某企业5月10日从银行提取现金380元(已填制凭证银付8号),5月14日发现在填制记账凭证时,选择付款凭证误将380元填为830元,并已据此登记入账。这种情况采用红字冲销法的更正步骤如下:

①制一张红字(金额)记账凭证,用以冲销全部错误金额,如图2-43所示。

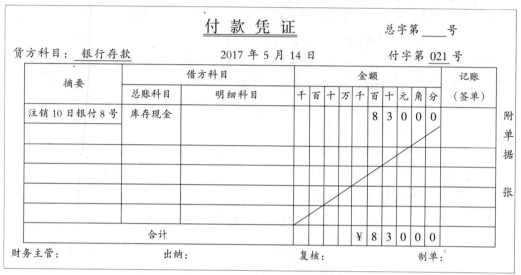

图2-43　红字冲销法红字记账凭证填制样例

②编制一张正确的蓝字或黑字(金额)记账凭证,如图2-44所示。

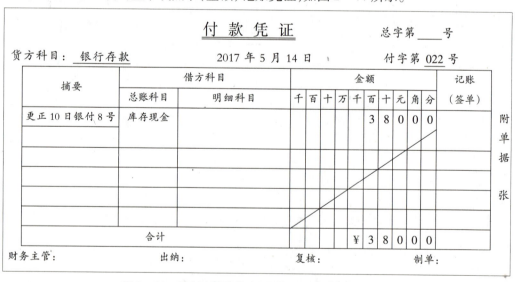

图2-44　红字冲销法蓝字(黑字)记账凭证填制样例

③依据编制的记账凭证登记库存现金日记账(见图2-45)和银行存款日记账(表略)。

库存现金日记账

2017 年		凭证编号	摘要	对应科目	借方									贷方									余额								
月	日				百	十	万	千	百	十	元	角	分	百	十	万	千	百	十	元	角	分	百	十	万	千	百	十	元	角	分
4	30		期末余额																							2	0	0	0	0	0
			... 略																												
5	10	银付008	提现	银行存款					8	3	0	0	0													2	0	8	3	0	0
5	14	银付021	注销10日银付008	银行存款					8	3	0	0	0													2	0	0	0	0	0
5	14	银付022	更正10日银付008	银行存款					3	8	0	0	0													2	0	3	8	0	0

图2-45 红字冲销法登记日记账样例

（2）红字冲减法

红字冲减法的使用范围：根据记账凭证所记录的内容记账以后，发现记账凭证上应借应贷的会计科目、记账方向都没有错误，只是所记金额大于应记金额，而造成账簿记录有错误。

更正方法：将多记金额（即正确金额与错误金额之间的差额）用红字编制一张与原错误的记账凭证所记载的应借应贷的会计科目和记账方向完全相同的记账凭证，在摘要栏内注明"冲销某年某月某日某号凭证"字样，以冲销多记金额，并据此登记入账。

例3：错账情况同例2，采用红字冲减法进行更正的步骤如下：

①制一张红字（金额）记账凭证，用以冲减多记金额，如图2-46所示。

②依据编制的记账凭证登记库存现金日记账（见图2-47）和银行存款日记账（表略）。

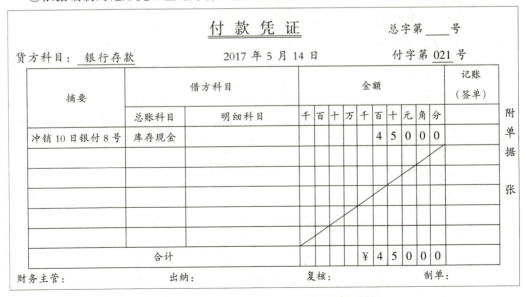

图2-46 红字冲减法红字记账凭证填制样例

库存现金日记账

2017年 月	日	凭证编号	摘要	对应科目	借方 百	十	万	千	百	十	元	角	分	贷方 百	十	万	千	百	十	元	角	分	余额 百	十	万	千	百	十	元	角	分
4	30		期末余额																						2	0	0	0	0	0	0
		...	略																												
5	10	银付008	提现	银行存款				8	3	0	0	0												2	0	8	3	0	0	0
5	14	银付021	冲销10日银付008	银行存款				4	5	0	0	0												2	0	8	3	0	0	0

图2-47　红字冲减法登记日记账样例

3　补充登记法

补充登记法是指用蓝字或黑字登记金额,改正账簿记录错误的一种方法。

适用范围:记账凭证上应借应贷的会计科目、记账方向都没有错误,只是所记金额小于应记金额,而造成账簿记录错误的情况。

更正方法:将少记金额用黑字或蓝字编制一张与原错误记账凭证所记载的应借应贷的会计科目和记账方向相同的记账凭证,在摘要栏内注明"补记某月某日某号凭证少记金额"字样,以补记少记金额,并据以登记入账。

例4:某企业8月12日以银行存款32 000元偿还上月原材料购货款,在填制凭证时,误将金额填为3200元,并据此登记日记账。采用补充登记法的步骤如下:

(1)填制一张记账凭证,用蓝字或黑字登记金额,金额数字为少记金额32 000 - 3200 = 28 800元,如图2-48所示。

(2)补充登记日记账,如图2-49所示。

图 2-48　补充登记法记账凭证填制样例

银行存款日记账

开户银行：中国工商银行北京市支行　　　　　　　　　　　银行账号：2345678999

2017年		凭证编号	摘要	对应科目	借方										贷方										金额									
月	日				千	百	十	万	千	百	十	元	角	分	千	百	十	万	千	百	十	元	角	分	千	百	十	万	千	百	十	元	角	分
8	1		初期余额																							4	0	0	0	0	0	0	0	0
			略																															
8	12	银付014	偿还采购款	应付账款														3	2	0	0	0	0		3	9	9	6	8	0	0	0	0
8	12	银付017	补记银付014号少记金额	应付账款														2	8	8	0	0	0		3	9	6	8	0	0	0	0	0

图 2-49　补充登记日记账样例

三、任务实施

1　科目错误的错账更正

（1）判断错误适用的更正方法。出纳林阳对账发现，在登记办公费用报销业务时，记账凭证登记的此业务是"借：管理费用　　贷：库存现金"，而他一时疏忽，将科目"管理费用"登记为"财务费用"。因此，出纳林阳采用画线更正法对日记账进行更正。

（2）用单红线将日记账中对应的"财务费用"水平画掉，表示注销；根据实际发生业务，更改借贷科目。

（3）在画掉的文字上面，用蓝或黑墨水笔写上正确的科目"管理费用"。

（4）出纳林阳在更正处盖个人章，同时财务负责人也要盖章。

2 金额错误的错账更正

（1）判断错误适用的更正方法。

第一种错误是实际发生额大于登记额。即提取备用金为"10 000"元，错登为"1000"元，针对这种错误，出纳林阳应采用补充登记法。

第二种错误是实际发生额小于登记额。即实际借款金额为"2000"元，错登为"20 000"元，针对这种错误，出纳林阳应采用红线更正法。

（2）出纳林阳将上述两种错误反馈给制证会计。

（3）出纳林阳根据制证会计传递的记账凭证更正错误。

针对第一种错误，出纳林阳根据制证会计传递的补充登记的付款凭证，采用补充登记法补充登记少计的金额"9000"元。

针对第二种错误，出纳林阳根据制证会计传递的红字更正的付款凭证，采用红字更正法冲减多记的金额"18 000"元。

项目三　现金结算业务

学 习 目 标

》》 **知识目标**

理解现金结算的相关概念;熟悉现金结算的范围;掌握现金收支的基本要求。

》》 **技能目标**

能按实际业务情况完成出纳现金业务资料的收集、归类和整理;能按库存现金的业务工作流程完成收付款业务的办理。

任务一　现金管理

一、布置任务

2017 年 12 月 31 日,出纳林阳年结库存现金和银行存款账簿。2018 年 1 月 1 日启用新的账簿。按照规定,出纳林阳需要向开户行申请 2018 年度的库存现金限额。如果你是林阳,接下来应该如何操作?

二、相关知识

(一)现金及现金管理

1 **现金的概念**

现金是指可以随时用来购买所需物资、支付有关费用、偿还债务和存入银行的货币性资产。现金有广义和狭义之分。狭义的现金指单位的库存现金,即存放在单位并由出纳人员保管作为零星业务开支之用的库存现款,包括人民币现金和各种外币现金。广义上的现金就是会计上的现金,包括库存现金、银行存款和其他现金。出纳管理的现金及现金结算方式中的现金是狭义的现金。

2 现金使用范围的规定

(1)职工工资、津贴。

(2)个人劳务报酬。

(3)根据国家制定的规定、条例,颁发给个人的科学技术、文化艺术、体育等方面的各种奖金。

(4)各种劳保、福利费用及国家规定的对个人的其他支出,如退休金、抚恤金、学生助学金、职工困难生活补助。

(5)收购单位向个人收购农副产品和其他物资的价款。

(6)出差人员必须随身携带的差旅费。

(7)结算起点(1000元)以下的零星支出。

(8)中国人民银行确定需要现金支付的其他支出。

除上述(5)(6)两项外,其他各项在支付给个人的款项中,支付现金每人不得超过1000元,超过限额的部分可根据提款人的要求,在指定的银行转存为储蓄存款或以支票、银行本票的形式予以支付。企业与其他单位的经济往来除规定的范围可以使用现金外,应当通过开户银行进行转账结算。

3 企事业单位库存现金限额的规定

(1)库存现金限额的含义

为了加强对现金的管理,既保证各单位现金的安全,又促使货币回笼,及时开支,国家规定由开户银行给各单位核定一个保留现金的最高额度,即库存现金限额。

(2)库存现金限额的核定管理

库存现金限额由开户银行和开户单位根据具体情况商定,凡在银行开户的单位,银行根据实际需要核定3~5天的日常零星开支数额作为该单位的库存现金限额。边远地区和交通不便地区的开户单位,其库存现金限额的核定天数可适当放宽在5天以上,但最多不得超过15天日常零星开支的需要量。

按照规定,库存现金限额每年核定一次。核定程序如下:

首先,由开户单位与开户银行协商核定库存现金限额。

其次,由开户单位填写"库存现金限额申请书",基本格式如表3-1所示。

表 3-1　库存现金限额申请书

申请单位：　　　　　　　　　　　　　　　　　　　　单位：

开户银行：　　　　　　　　　　　　　　　　　　　　账号：

每日必须保留现金支出项目	保留现金理由	申请金额	批准金额	备注
合计				
申请单位	单位主管部门意见	银行审查意见		
盖章 年　月　日	盖章 年　月　日	盖章 年　月　日		

最后，开户单位将库存现金限额申请书报送单位主管部门，经主管部门签署意见后，再报开户银行审查批准。

4　现金管理的"八不准"规定

按照《现金管理暂行条例》及其实施细则的规定，企业、事业单位和机关、团体、部队现金管理应遵守"八不准"。

（1）不准用不符合财务制度的凭证顶替库存现金。

（2）不准谎报用途套取现金。

（3）不准单位间相互借用现金，扰乱市场经济秩序。

（4）不准利用银行账户代其他单位和个人存入或支取资金，逃避国家金融监督。

（5）不准将单位收入的现金以个人储蓄名义存入银行。

（6）不准保留账外公款（即"小金库"）。

（7）不准发行变相货币；不准以任何内部票据代替人民币在社会上流通。

（8）不准未经批准坐支或者未按开户银行核定的坐支范围和限额坐支现金。

开户单位如有违反现金管理"八不准"中的任何一种情况，开户银行有权按照《现金管理暂行条例》的规定，责令其停止违法活动，并根据情节轻重给予警告或罚款。

5　其他规定

（1）各单位实行收支两条线，不准坐支现金。

（2）各单位的外地采购业务，如因采购地点不固定、交通不便、生产或市场急需、抢险救灾，以及其他特殊原因必须使用现金的，应由本单位财会部门负责人签字盖章，向开户银行申请审批，开户银行审查同意并开具有关证明后便可携带现金到外地采购。

（3）企业送存现金和提取现金，必须注明送存现金的来源和支取的用途。

（4）配备专职出纳人员管理现金，建立健全现金账目，逐日逐笔登记现金收付业务，做到日清月结，并不准保留账外公款，即私设"小金库"。

（二）现金的授权与批准制度

1 设置专职出纳人员管理现金

每个单位应当委派专职出纳负责现金的收入、支出和保管，其他人未经授权一律不能经管现金，限制他人接近现金；如出纳确实因故需要暂时离开岗位，必须由总会计师或财务部负责人指派他人代管，但是必须办理交接手续。

负责经办现金的出纳人员除登记现金日记账和银行存款日记账外，不得兼管总分类账和明细分类账的登记工作。

2 建立严格的现金授权批准制度

（1）明确审批人对现金业务的授权批准方式、权限、程序、责任和相关控制措施。

审批人应当根据现金授权批准制度的规定，在授权范围内进行审批，不得超越审批权限。

（2）规定经办人办理现金业务的职责范围和工作要求。经办人应当在职责范围内，按照审批人的批准意见办理现金业务。对于审批人超越授权范围审批的现金业务，出纳人员有权拒绝办理，并及时向单位领导报告。

（3）制定科学合理的现金业务处理程序，严格按照"申请—审批—复核—支付"的程序办理现金的支付业务，并及时准确入账。

（4）建立严密的稽核制度。单位每一笔现金的收入或支出，都必须经过出纳人员认真审核，审查手续是否完备，数字是否正确，内容是否合理、合法。

（5）建立严格的手续制度，确保每项现金的收付都如实地填制或取得合理合法的原始凭证，审核无误后据此来编制记账凭证，最后按照审核无误的记账凭证登记会计账簿。

（6）建立严格的现金盘点核对制度，对现金定期或不定期进行盘点清查，做到账实相符；定期或不定期进行现金日记账与现金总账核对，做到账账相符。

（7）严格按照《现金管理暂行条例》及国家其他有关现金管理的具体规定开展现金的收、付、存工作。

（三）加强现金保管控制

（1）统一保管单位的库存现金，在单位财务部设置出纳室，由财务部出纳人员直接保管库存现金,单位内部所有的下属单位、部门和个人一律不得存放现金。

（2）库存现金不准超过库存限额,超过库存限额的部分,出纳人员应在当日下班前送存银行;如因特殊原因滞留超过限额的现金在单位过夜的,必须经财务部负责人或单位领导批准,并确保现金的安全。

（3）库存现金必须当日核对清楚,保证账款相符,如发生长、短款问题必须及时向财务部负责人或单位领导汇报,查明原因并按财产损溢处理办法进行处理,不得擅自将长、短款相互抵补。

（4）为保证现金的安全,除工作时需要的少量备用金可以放在出纳人员的抽屉内以外,其余部分应该放入出纳专用的保险柜内,不得随意存放。

（5）单位的库存现金不得以任何个人名义存入银行,应防止有关人员利用公款私存获取利息收入,也应防止有人利用公款私存形成"小金库"。

（6）单位保管现金的地方要有安全防范措施,门要安装保险锁,并应配备专门的保险柜保管现金、有价证券和票据。出纳人员下班时要检查窗户、保险柜,门锁好后,方能离开。

（7）单位应当定期和不定期地进行现金盘点,编制库存现金盘点表(见表3－2),确保现金账面余额与实际库存相符。若发现不符,应及时查明原因,做出处理。

表3－2　库存现金盘点表

清查基准日：　　年　　月　　日　　　　清查日期：　　年　　月　　日　　　　单位:元

货币面额	张数	金额	项目	金额
100 元			基准日现金账面余额	
50 元			加:清查基准日至清查日的现金收入	
20 元			减:清查基准日至清查日的现金支出	
10 元			减:借款单	
2 元				
1 元			调整后现金余额	
5 角			实点现金	
2 角			长款	
1 角			短款	
5 分				
2 分				
1 分				
实点合计				

监盘人：　　　　　　　　　　　　　　　　盘点人：

三、任务实施

（1）以 2017 年企业日常业务的现金需要为基础，预计 2018 年企业日常业务需要现金情况如下：

①每年现金支出职工薪酬 2 700 000 元；

②材料采购支出 792 000 元；

③日常办公、差旅等其他现金支出 108 000 元；

④库存现金限额保证天数 4 天。

（2）将上述现金使用情况与开户行协商，核定库存现金限额为：

①职工薪酬需要现金 = （2 700 000 ÷ 360）× 4 = 30 000 元；

②材料采购支出需要现金 = （792 000 ÷ 360）× 4 = 8800 元；

③日常办公、差旅等其他现金支出 = （108 000 ÷ 360）× 4 = 1200 元；

④合计 2018 年库存现金限额 = 30 000 + 8800 + 1200 = 40 000 元。

（3）填写库存现金限额申请书（见表 3 – 3）。

（4）报送主管部门签署意见（略）。

（5）报送开户银行审查批准（略）。

表 3 – 3　库存现金限额申请书

申请单位：北京市鸿途有限责任公司　　　　　　　　　　　　　　单位：元

开户银行：中国银行北京市海淀支行　　　　　　　　　　　　　账号：546327890168

每日必须保留现金支出项目	保留现金理由	申请金额	批准金额	备注
职工薪酬		30 000.00		
材料采购		8800.00		
日常办公、差旅等		1200.00		
合计		40 000.00		
申请单位 盖章 2018 年 1 月 1 日	单位主管 部门意见 盖章 年　月　日		银行审查意见	

任务二　现金收入业务

一、布置任务

2018年1月5日，营销部营销专员李伦退回差旅费200元。如果你是出纳林阳，该怎么办理？

二、相关知识

现金收款

（一）现金收入的含义

现金收入是各单位在其生产经营和非生产经营活动中取得现金的业务。其内容包括销售商品、提供劳务而取得现金的业务，提供非经营性服务而取得收入的业务，其他罚没收入，以及单位内部现金往来的收入项目等。出纳人员在办理现金收入业务时，主要依据的是发票、非经营性收据、内部收据、现金支票等原始凭证，以及收付款记账凭证。出纳应定期编制出纳现金收支报表（见表3-4），反映本企业收入款项情况。

表3-4　出纳现金收支报表

日期	上日库存现金结余	本日提取备用金		收入				支出		本日库存现金结余	备注
				本日业务收入数		本日存入数		本日支出数			
		金额	附件张数	金额	附件张数	金额	附件张数	金额	附件张数		

出纳现金收支报表

单位：元

签收：　　　　　　　　　　　　　　制表：

（二）现金收入处理的基本要求

1　现金收入必须合法合理

各单位的现金收入有很多来源，不管是哪种来源，都必须做到合法合理。

从银行提取现金时，应在国家规定的使用范围和限额内开出现金支票，并注明用途，由本单位财务部门负责人签字和盖章，经开户银行审核后，才能支取。任何单位都不得编造用途套取现金。

在日常业务中收入现金时，必须符合国家规定的现金收入范围，不得在出售商品和金额超过结算起点时，拒收银行结算凭证而收取现金，或按一定比例搭配收取现金等。

2 现金收入手续必须严格

为了防止差错和引起纠纷，收入现金时必须坚持先收款、当面清点现金无误后，再开给交款人收款收据，一切现金收入都应开具收款收据。收入现金时，签发收据和经手收款，按要求也应当分开，以防作弊。

3 现金收入要坚持一笔一清

收入现金时，要清点完一笔，再清点另一笔，几笔收款不能一起办理，以免互相混淆或调换；一笔款项未办理妥当，出纳人员不得离开座位；收款过程应在同一时间内完成，不准收款后过一段时间再开收据；对已完成收款的收据应加盖"现金收讫"字样。

4 现金收入要及时送存银行

根据《现金管理暂行条例》的规定，各单位收入现金后，都应及时送存银行，不准擅自从收入的现金中坐支。

(三) 现金收入处理程序

现金收入业务的办理程序是指现金收入过程中的处理步骤和规则。

1 出纳人员从银行提取现金的业务办理

(1) 填写现金支票。
(2) 向开户银行提交现金支票，并当场认真清点取款数额，确认无误后才能离开。
(3) 取回现金妥善保管，以备用。

2 出纳人员向外单位或顾客直接收款的业务办理

(1) 受理收款业务，查看收款依据是否齐备。
(2) 审核收入来源是否合理合法。
(3) 当面清点现金，做到一笔一清。
(4) 开具收款凭证，并在收款凭证上加盖"现金收讫"戳记。
(5) 根据盖有"现金收讫"戳记的收款凭证编制记账凭证。

（6）根据记账凭证登记现金日记账。

3 收款员、营业员收款后的业务办理

零售商店、门市部和旅游饮食服务业单位，由于收款业务比较频繁，一般都由营业员分散收款或由收款员集中收款后，每日再定时向出纳人员缴款。具体程序可参照出纳人员直接收款办理。

（四）现金收款凭证的编制与审核

现金收款凭证是出纳人员办理现金收入业务的依据。为确保收款凭证的合法、真实和准确，出纳人员在办理每笔现金收入前，都必须首先复核现金收款凭证。要求认真复核以下内容：

（1）现金收款凭证的填写日期是否正确。现金收款凭证的填写日期应为编制收款凭证的当天，不得提前或推后。

（2）现金收款凭证的编号是否正确，有无重号、漏号或不按日期编号等情况。

（3）现金收款凭证记录的内容是否真实、合法、准确，其"摘要"栏的内容与原始凭证反映的经济业务内容是否相符。

（4）使用的会计科目是否正确。

（5）现金收款凭证的金额与原始凭证的金额是否一致，原始凭证的大小写金额是否相符，有无印章。

（6）现金收款凭证"附单据"栏的张数与所附原始凭证张数是否相符。

（7）现金收款凭证的"出纳""制单""复核""财务主管"栏是否签名或盖章。

三、任务实施

（1）营销专员出差回来后，持有关发票填写差旅费报销单（略），经批准后交出纳林阳办理退款手续。

（2）出纳林阳受理退款业务，审核退款手续是否完备。

（3）出纳林阳审核发票、单据是否真实、完整，与退回金额是否一致。

（4）审核无误后，出纳林阳接收营销专员李伦退回现金200元，并当面清点，收付两清。

（5）依据相关发票、报销单据填收款收据（一式三联），将第二联（见图3-1）交付款人。

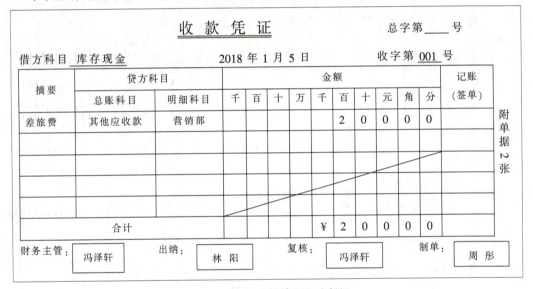

收 款 收 据

2018 年 01 月 27 日　　　　　　　　　　　NO.0000001

交款单位：　营销部营销专员李伦

人民币（大写）：　x拾x万x仟贰佰零拾零元零角零分　　　小写 ¥ 200.00

交款事由：　差旅费报销退回余款

现 金 收 讫

盖章（收款单位）　　　　　　　　　　　　签字（收款人）　林 阳

第 2 联 交付款人

图 3 - 1　出纳填写原始凭证

（6）出纳林阳将收款收据（第三联）交制证会计周彤填制收款凭证（见图 3 - 2）。

收 款 凭 证　　　　　　　　总字第____号

借方科目 库存现金　　　　　　　2018 年 1 月 5 日　　　　收字第 001 号

摘要	贷方科目		金额										记账
	总账科目	明细科目	千	百	十	万	千	百	十	元	角	分	（签单）
差旅费	其他应收款	营销部						2	0	0	0	0	
合计							¥	2	0	0	0	0	

附单据 2 张

财务主管：冯泽轩　　　出纳：林 阳　　　复核：冯泽轩　　　制单：周 彤

图 3 - 2　制证会计填制记账凭证

（7）出纳林阳依据审核无误的收款凭证，登记库存现金日记账（略）。

任务三　现金送存业务

一、布置任务

2018 年 1 月 7 日，出纳林阳将当日一笔销货款 60 100 元存入银行，其中包含 600 张 100 元、1 张 50 元、2 张 20 元、1 张 10 元。

二、相关知识

根据《现金管理暂行条例》的规定，为保证现金的安全，企业应将销货收到的现金和超过库存现金限额的现金存入开户银行，即办理现金送存业务。

（一）现金送存业务流程

1. 整点货币。纸币要平铺整齐，每百张为 1 把，每 10 把为 1 捆，以此类推，用纸条在腰中捆扎好，其余为零头；硬币每百枚或 50 枚为 1 卷，10 卷为 1 捆，不足 1 捆为零头；最后合计出需要存款的金额。

2. 填写现金存款凭证（缴款单）。现金缴款单是单位出纳人员去银行交存现金时填写的凭证。现金缴款单为一式三联或一式二联。现金缴款单三联单的内容包括：第一联为回单，由银行盖章后退回存款单位；第二联为收入凭证，由收款人开户银行加盖相关印章作为银行的记账凭证；第三联为附联，是银行出纳留底联。相关印章是指现金收讫章或业务清讫章。出纳人员在填写现金缴款单时，必须注意以下几点：（1）要用双面复写纸复写；（2）交款日期必须填写交款的当日；（3）存款人名称应填写全称；（4）款项来源要如实填写；（5）大小写金额的书写要标准。

3. 向银行提交存款凭证和整点好的票币。票币要一次性交清，当面清点；如有差异，应当面复核。

4. 开户银行受理后，在现金进账单上加盖"现金收讫"章和银行印鉴后退回交款人一联，表示款项已收妥。

5. 根据银行退回的盖有"现金收讫"章和银行印鉴的现金进账单，填制付款凭证。

6. 根据付款凭证登记现金日记账。

（二）送存现金的注意事项

出纳人员在送存现金时应注意以下事项：

（1）交款人最好是现金整理人，这样可以在发生差错时明确责任。

（2）凡经整理好准备送存银行的现金，在填好现金缴款单后，一般不宜再调换票面。

（3）送存途中必须注意安全，当送存现金的金额较大时，最好有专车，并派人护送。

（4）临柜交款时，交款人必须与银行柜台收款员当面交接清点。做到一次交清，不得边清点边交款。

（5）交款人交款时，如柜台较为拥挤，应按次序等候。等候过程中，应做到钞票不离手，不能置于柜台之上，以防发生意外。

现金收入业务涉及不同的部门或同一部门的不同岗位，办理过程中须按照一定的流程进行，做到业务办理程序化、岗位分工明晰化、内部控制严格化，将有助于提高业务办理的效率和减少错弊。办理过程中应注意以下两个方面：

第一，办理流程的设计应体现出不相容职务相分离的控制原则，这是出纳业务控制的必要原则，每个企业都须遵守。在该业务流程中，开票、收钱、记账由不同人员完成。其中，销售人员开票不收钱，出纳人员收钱不开票，会计人员记账不收钱，三者之间形成相互控制的机制。如违反三者分离的控制原则，则会为相关人员贪污款项提供可乘之机。因此在现金收入业务流程设计中，无论企业大小、业务多少，都必须合理利用三者之间的相互控制以达到防止贪污舞弊的制度设计目标。

第二，业务流程必须结合企业的实际情况进行灵活设计，不可生搬硬套，如在较多销售业务的流程中，销售人员开出小票后，需要由销售经理进行审核后办理收款提货手续。但是，如果是一个规模小、人员少的企业，或者是商业零售企业，其销售价格一般较为稳定，如每项销售业务均需要销售经理审核才可办理收款提货，就会降低企业的效率，因而，在相关业务办理时，应根据企业的实际情况，在不违反我国会计法规定的不相容职务相分离原则的前提下，进行适合本企业情况的改进和完善，力求做到既保证内控严密、不出错弊，又能最大限度地提高业务办理的效率。

三、任务实施

（1）出纳林阳当日整理清点销货款 60 100 元：将其中 600 张 100 元按照每百张为 1 把、每 10 把为 1 捆的整理要求，将其捆扎好，共计 6 把百元纸币。余头为 1 张 50 元、2 张 20 元、1 张 10 元。无硬币。

（2）出纳林阳据实填写现金存款凭证（见图 3-3）。

（3）出纳林阳将现金和现金进账单一并交开户银行（中国银行北京市海淀支行）收款。

（4）开户银行受理。清点货币和审核现金进账单，无误后，开户银行在现金进账单上加盖"现金收讫"章，表示款项收妥，并将现金进账单第一联退回交款人。

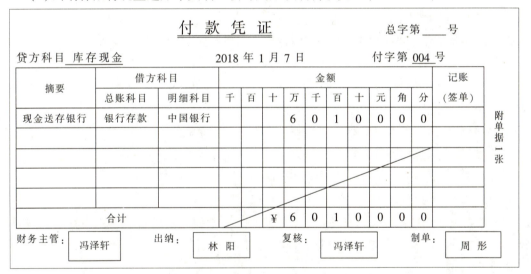

图 3-3　现金存款凭证样表

（5）出纳林阳将现金进账单交制证会计周彤填制付款凭证（见图 3-4）。

付 款 凭 证

总字第____号

贷方科目 库存现金　　　　　2018 年 1 月 7 日　　　　　付字第 004 号

摘要	借方科目		金额										记账
	总账科目	明细科目	千	百	十	万	千	百	十	元	角	分	（签单）
现金送存银行	银行存款	中国银行				6	0	1	0	0	0	0	
合计					¥	6	0	1	0	0	0	0	

财务主管　冯泽轩　　　出纳：林阳　　　复核：冯泽轩　　　制单：周彤

附单据一张

图 3-4　制证会计填制记账凭证

（6）出纳林阳依据审核无误的付款凭证，登记库存现金日记账和银行存款日记账（略）。

任务四　现金支付业务

一、布置任务

2018 年 1 月 9 日,企业管理部行政专员李霞从超市购买办公用品 300 元,办理报销。如果你是出纳林阳,该怎么办理报销业务?

二、相关知识

现金付款业务

(一)现金支付的含义

现金支付是指出纳人员将现金支付给单位或个人的业务。其内容包括:

(1)职工工资、津贴。

(2)个人劳务报酬。

(3)根据国家制定的规定、条例,颁发给个人的科学技术、文化艺术、体育等方面的奖金。

(4)各种劳保、福利费用及国家规定的对个人的其他支出,如退休金、抚恤金、学生助学金、职工困难生活补助。

(5)收购单位向个人收购农副产品和其他物资的价款。

(6)出差人员必须随身携带的差旅费。

(7)结算起点(1000 元)以下的零星支出。

(8)中国人民银行确定需要现金支付的其他支出。

出纳人员在办理现金支付业务时,其所依据的支付凭证包括报销单据、借款单、领款收据、工资表、外单位或个人的收款收据、发票等。出纳应定期编制出纳现金收支报表,反映本企业支出款项情况。

(二)现金支付处理原则

出纳人员在办理现金支付时,应遵循以下原则:

(1)现金支出的合法性。出纳人员必须以内容真实、准确、合法的付款凭证为依据,付款前的付款手续必须完备,有关领导已经签字或已审核无误。

(2)现金支出手续的完备性。出纳人员应按规定的程序审核并办理现金支付手续,做到支付凭证合法、审批手续齐全有效、支付事项当面结清、账务处理正确合理。

(3)不得套取现金用于支付。套取现金是指为了逃避开户银行对现金的管理,采用不正当的手段弄虚作假、支出现金的违法行为。其主要有以下几种形式:

①编造合理用途(如以差旅费、备用金等名义)超限额支取现金;

②利用私人或其他单位的账户支取现金;

③将公款转存个人储蓄;

④用转账方式通过银行或邮局汇兑、异地支取现金;

⑤用转账凭证换取现金;

⑥虚报冒领工资、奖金和津贴补助。

(三)现金支付处理程序

出纳人员办理现金支出业务时,依据主要是发票、非经营性收据、往来收据,以及内部结算使用的工资表、借款审批单等。出纳人员应当按照原始凭证的审查要求,仔细复核,并按规定程序办理支出事宜。其具体程序如下:

(1)受理付款业务。出纳人员在取得付款依据后,应按规定进行审核。对于出纳人员直接经办的业务,如现金汇款等,还需要填制原始凭证并补齐手续。

(2)确定支付金额。出纳人员对定期及不定期大额现金支出,都应当做到心中有数,提前准备好充足的现金用以支付;每天工作开始时,应检查现金余额,不足部分应及时从开户银行提取;对于确实不足以全额支付的业务,应约好时间一次性支付,不得分次支付,避免责任不清、程序错乱。

(3)根据审核无误的单据支付现金。根据审核无误的原始单据办理现金支付时,出纳人员应进行复点,并要求收款人当面点清,当面确认。如果是由收款人直接领取现金的,由本人签收;如果是他人代为领款的,在得到当事人的确认后,方可由代领人签收,并注明"×××代领款"字样,以明确双方责任。

(4)付款完毕后,在审核无误的原始凭证上加盖"现金付讫"印章,据以编制记账凭证。

(5)根据审核无误的记账凭证登记现金日记账。

三、任务实施

(1)行政专员李霞持购货发票(略),填写支出证明单,办理报销审批手续。

(2)出纳林阳复核支出证明单及所附购物发票。

(3)出纳林阳清点现金,当面交付报销人。

(4)出纳林阳在支出证明单(见图3-5)上盖"现金付讫"印章。

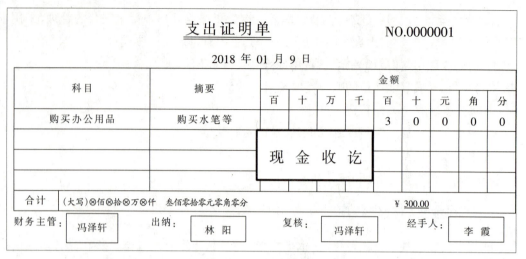

图 3-5 支出证明单

(5)出纳林阳将支出证明单及所附发票交制证会计周彤填制付款凭证,如图 3-6 所示。

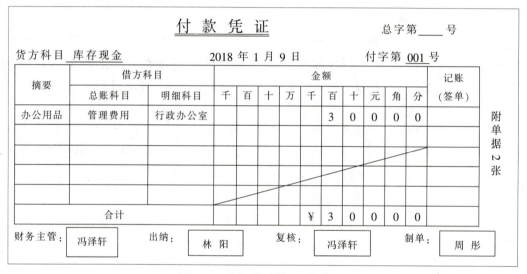

图 3-6 制证会计填写记账凭证

(6)出纳林阳依据审核无误的付款凭证,登记库存现金日记账(略)。

任务五　现金提取业务

一、布置任务

2018 年 1 月 13 日,出纳林阳发现,单位库存现金数额低于库存现金限额,需提取备用金 10 000 元,以补齐不足部分。林阳该如何办理此项业务?

二、相关知识

(一)现金提取的含义

根据《现金管理暂行条例》的规定,出纳人员依据单位业务经办人员提交的资金需求、库存现金实有数额低于单位库存现金限额的实际情况,经财务部门负责人审核同意后填写现金支票,携带现金支票到开户行提取库存现金,即现金提取业务。

(二)现金提取业务的流程

(1)领用现金支票。出纳填写支票领用登记簿(见图 3-7),交财务负责人审核签字。

支票领用登记簿

日期	支票类型	支票号码	用途	金额	领用人	核准人	销号

图 3-7　支票领用登记簿

(2)签发现金支票。出纳填写现金支票及存根,财务负责人在现金支票正联加盖公司财务专用章及法人印章,在支票正联背面加盖公司财务专用章。

(3)将现金支票正联送交开户银行,办理提现手续。

(4)开户行审核现金支票,无误后支付现金。

(5)出纳清点现金,无误后方可离开银行柜台。

(6)将支票存根联传给制证会计,填制付款凭证。

(7)依据付款凭证,登记现金日记账和银行存款日记账。

三、任务实施

(1)出纳林阳根据单位库存现金数额低于库存现金限额的情况,计算出不足部分的数额,据此填写支票领用登记簿,申请领用现金支票。

（2）出纳林阳填写支票领用登记簿（见图 3-8）后，经财务主管冯泽轩审核同意后，领取现金支票。

支票领用登记簿

日期	支票类型	支票号码	用途	金额	领用人	核准人	销号
2018 年 1 月 13 日	现金支票	XIV00000200	备用金	10 000.00 元	林阳		

图 3-8 填写支票领用登记簿

（3）出纳林阳填写现金支票及存根，财务主管冯泽轩在现金支票正联加盖公司财务专用章及法人印章，在支票正联背面加盖公司财务专用章（见图 3-9 和图 3-10）。

图 3-9 填写现金支票正面（正联和存根联）

图 3-10 填写现金支票背面

（4）出纳林阳将现金支票正联剪下，送交开户银行（中国银行北京市海淀支行），办理提现手续。

（5）出纳林阳将现金支票存根传给制证会计周彤填制付款凭证（见图 3-11）。

（6）出纳林阳依据审核无误的付款凭证，登记库存现金日记账和银行存款日记账（略）。

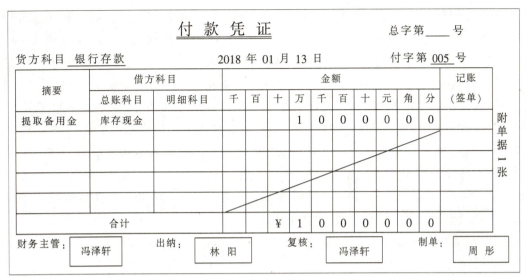

付 款 凭 证　　　　总字第＿＿＿号

货方科目　银行存款　　　2018 年 01 月 13 日　　　付字第 005 号

摘要	借方科目		金额										记账
	总账科目	明细科目	千	百	十	万	千	百	十	元	角	分	(签单)
提取备用金	库存现金					1	0	0	0	0	0	0	
合计						￥	1	0	0	0	0	0	0	

附单据1张

财务主管：冯泽轩　　出纳：林 阳　　复核：冯泽轩　　制单：周彤

图 3-11　填制记账凭证

任务六　现金清查业务

一、布置任务

2018 年 1 月 15 日，出纳林阳及时登账，结出当日库存现金日记账余额 39 000 元；清查小组成员章秒秒清点库存现金实有数为 38 850 元；将清点的库存现金与现金日记账余额核对，发现短款 150 元。如果你是出纳林阳，应该怎么办？

二、相关知识

(一)现金清查的含义

现金清查是指为了确保现金的安全，出纳人员在每日和每月终了时根据日记账的合计数，结出库存现金余额，并通过对库存现金的实地盘点，对库存现金进行账实核对。

现金清查应当坚持日清月结制度。日清月结是指出纳人员办理现金业务时，必须做到按日清理，按月结账，这是出纳人员办理现金出纳工作的基本原则和要求，也是避免出现长款、短款的重要措施。按日清理的工作内容包括：

(1)清理各种现金收付款凭证，检查单证是否相符，即各种收付款凭证所填写的内容与所附原始凭证反映的内容是否一致；同时还要检查每张单证是否已经盖齐"收讫""付讫"的戳记。

（2）登记和清理日记账。将当日发生的所有现金收付业务全部登记入账，在此基础上，核查账证是否相符，即现金日记账所登记的内容、金额与收、付款凭证的内容、金额是否一致。清理完毕后，结出现金日记账的当日库存现金账面余额。

（3）现金盘点。出纳人员应按券别分别清点其数量，然后汇总，即可得出当日现金的实存数。将盘存得出的实存数和账面余额进行核对，看两者是否相符。如发现长款或短款，应进一步查明原因，及时进行处理。所谓长款，就是指现金实存数大于账存数；所谓短款，就是指现金实存数小于账面余额。如果经查明长款属于记账错误、丢失单据等，应及时更正错账或补办手续；如属少付他人则应查明退还原主，如果确实无法退还，可以经过一定审批手续作为单位的收益。对于短款，如查明属于记账错误应及时更正错账；如属于出纳人员工作疏忽或业务水平问题，一般应按规定由过失人赔偿。

（4）检查库存现金是否超过规定的现金限额。如实际库存现金超过规定库存限额，则出纳人员应将超过部分及时送存银行；如果实际库存现金低于库存限额，则应及时补提现金。

（二）现金清查方法

现金清查的主要方法是通过实地盘点库存现金的实存数，然后与现金日记账相核对，确定账存与实存是否相等。其步骤如下：

（1）在盘点前，出纳人员应先将现金收、付凭证全部登记入账，并结出余额。

（2）盘点前，出纳人员必须到场，现金由出纳人员经手盘点，清查人员从旁监督。

盘点时，除查明账实是否相符外，还要查明有无违反现金管理规定，如有无以“白条”抵冲现金、现金库存是否超过核定的限额、有无坐支现金等等。

（3）盘点结束后，应根据盘点结果编制库存现金清查盘点报告表，并由检查人员和出纳人员签名盖章，作为重要的原始凭证。

三、任务实施

（1）清查小组成员章秒秒于2018年1月15日进行库存现金清点工作，清点结果为现有库存现金38 850元；出纳林阳于2018年1月15日进行库存现金日记账登记，日记账余额为39 000元。账实核对，短款150元。

（2）清查小组成员章秒秒根据清查结果，填写库存现金清查盘点报告表，由出纳林阳签字确认。

（3）清查小组将库存现金清查盘点报告表（见表3-5）上报单位负责人进行处理，将短款作为企业管理费用报销。

表 3-5　库存现金清查盘点报告表

库 存 现 金 清 查 盘 点 报 告 表				
2018 年 01 月 15 日				
账面余额	实存金额	清查结果		说明
		盘盈	盘亏	
39 000.00	38 850.00		150.00	
单位负责人 处理意见：	做管理费用报销处理 王玉尧			备注：
盘点人（签章）：　章秒秒			出纳员（签章）：　林 阳	

（4）出纳林阳将库存现金清查盘点报告表传给制证会计，填制付款凭证（见图 3-12）。

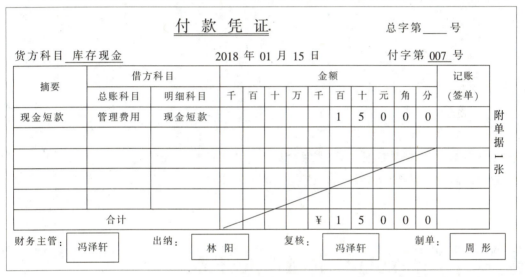

付 款 凭 证

总字第＿＿＿号

货方科目 库存现金　　　　　2018 年 01 月 15 日　　　　付字第 007 号

摘要	借方科目		金额										记账 （签单）
	总账科目	明细科目	千	百	十	万	千	百	十	元	角	分	
现金短款	管理费用	现金短款						1	5	0	0	0	
合计							¥	1	5	0	0	0	

附单据一张

财务主管：冯泽轩　　　　出纳：林 阳　　　　复核：冯泽轩　　　　制单：周彤

图 3-12　记账凭证填制样例

（5）出纳林阳依据审核无误的付款凭证，登记库存现金日记账（略）。

项目四　银行结算业务

学习目标

>> **知识目标**

了解银行结算账户管理的原则和要求;熟悉各种票据的种类、规定与程序。

>> **技能目标**

掌握银行结算账户开立、变更与撤销的办理技能;掌握银行存款业务管理能力;具备银行存款日常业务的处理能力;熟悉各种票据的办理业务。

任务一　银行结算账户的开立与管理

一、布置任务

2018年1月18日,因业务发展的需要,企业需要在北京开立临时存款账户。如果你是出纳林阳,你认为该账户该怎样开立?

二、相关知识

(一)银行存款的管理

1 银行存款的管理要求

银行存款是企业货币资金的重要组成部分,各单位应当建立健全银行存款的管理制

度,加强对银行存款的管理。具体管理办法如下:

(1)根据国家相关规定,凡是独立核算的单位都必须在当地银行开设账户,办理各项款项的收付;在经营过程中所发生的一切货币收支业务,除按核定库存现金限额保留的现金款项外,都必须通过银行办理结算。

(2)各单位须依据资金的不同性质、用途,分别在银行开设各类账户,并严格遵守国家与银行管理制度的各项结算要求和《现金管理暂行条例》,接受银行监督。

(3)加强银行存款的管理,各单位应于月末与开户银行对账,编制银行存款余额调节表逐月与银行核对余额,防止错账。

2 银行结算账户的管理原则

(1)一个基本账户原则。存款人在银行开立基本存款账户,实行由中国人民银行当地分支机构核发开户许可证制度。同时,存款人在其账户内必须有足够的资金,以保证支付。收付款双方在经济交往过程中,只有坚持诚实信用,才能保证各方经济活动的顺利进行。

(2)自愿选择原则。存款人可以自主选择银行开户,银行也可以自愿选择存款人;经双方相互认可后,存款人应遵循银行结算的规定,而银行应保证存款人对资金的所有权和自主支配权不受侵犯。

(3)存款保密原则。银行必须依法为存款人保密,除国家法律规定的国务院授权中国人民银行总行的监督项目外,银行不代任何单位和个人查询、冻结存款人账户内的存款,以维护存款人对资金的自主支配权。

(4)守法原则。银行不得利用存款人账户进行违法活动。

(二)银行结算账户的种类

银行结算账户,是指单位或个人在银行开立的办理各项资金收付结算业务的人民币活期存款账户。银行存款账户按存款人不同可以分为单位银行结算账户与个人银行结算账户。

单位银行结算账户,是指存款人以单位名称开立的银行结算账户。单位银行结算账户按用途可分为基本存款账户、一般存款账户、专用存款账户与临时存款账户。个体工商户凭营业执照以字号或经营者姓名开立的银行结算账户纳入单位银行结算账户管理。

个人银行结算账户,是指存款人凭个人身份证件以自然人名称开立的银行结算账户。个人因投资、消费使用各种支付工具,包括借记卡、信用卡在银行或邮政储蓄机构开立的银行结算账户,纳入个人银行结算账户管理。

(三)基本存款账户的开立

1.基本存款账户是存款人的主办账户,是存款人办理日常转账结算和现金收付业务时开立的银行账户。主要特征有:存款人日常经营活动的资金收付,工资、奖金及现金的支取都通过此账户办理;存款人只能在一家银行开立一个基本账户。

存款人开立基本存款账户、临时存款账户(因注册验资和增资验资需要开立的临时存款账户除外)和预算单位开立专用存款账户、QFII(Qualified Foreign Institutional Investors,合格的境外机构投资者)专用存款账户实行核准制,经中国人民银行核准后由开户银行核发开户登记证。开户许可证如图4-1所示。

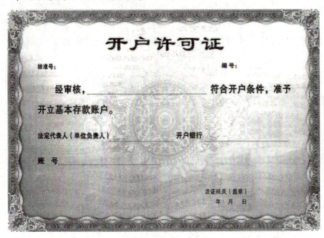

图4-1 开户许可证

根据《人民币银行结算账户管理办法》相关规定,下列存款人可以申请开立基本存款账户:

(1)企业法人。

(2)非法人企业机关。

(3)事业单位。

(4)团级(含)以上军队、武警部队及分散执勤的支(分)队。

(5)社会团体。

(6)民办非企业组织(如不以营利为目的的民办学校、福利院、医院)。

(7)异地常设机构。

(8)外国驻华机构。

(9)个体工商户。

(10)居民委员会、村民委员会、社区委员会。

(11)单位设立的独立核算的附属机构。

(12)其他组织。

2.基本存款账户开立的程序及所需证明文件:

(1)基本存款账户开立程序如下:

①存款人填制开户申请书,并在存款人签章处加盖单位公章和法人签章。

②开户银行审核证明文件。如果开户申请书等符合开立条件,银行将存款人的相关资料报送中国人民银行当地分支行核准后办理开户手续。

③人民银行办理核准手续。中国人民银行在两个工作日内对银行所报送资料进行审

核,符合开户条件的,准予核发基本存款账户开户登记证。不符合条件的,应在开户申请书上出具退单理由,连同相关证明文件退回开户银行。

④开户银行通知单位。

(2)开立基本存款账户,存款人需要向银行出具以下证明文件:

①企业法人,应出具企业法人营业执照正本。

②非法人企业,应出具企业营业执照正本。

③机关和实行预算管理的事业单位,应出具政府人事部门或编制委员会的批文或登记证书和财政部门同意其开户的证明;非预算管理的事业单位,应出具政府人事部门或编制委员会的批文或登记证书。

④军队、武警团级(含)以上单位以及分散执勤的支(分)队,应出具军队军级以上单位财务部门、武警总队财务部门的开户证明。

⑤社会团体,应出具社会团体登记证书,宗教组织还应出具宗教事务管理部门的批文或证明。

⑥民办非企业组织,应出具民办非企业登记证书。

⑦外地常设机构,应出具其驻在地政府主管部门的批文。

⑧外国驻华机构,应出具国家有关主管部门的批文或证明;外资企业驻华代表处、办事处应出具国家登记机关颁发的登记证。

⑨个体工商户,应出具个体工商户营业执照正本。

⑩居民委员会、村民委员会、社区委员会,应出具其主管部门的批文或证明。

⑪独立核算的附属机构,应出具其主管部门的基本存款账户开户许可证和批文。

⑫其他组织,应出具政府主管部门的批文或证明。

(四)一般存款账户的开立

1.一般存款账户是存款人因借款或其他结算需要,在基本存款账户开户银行以外的银行营业机构开立的银行结算账户。一般存款账户用于办理存款人借款转存、借款归还和其他结算的资金收付。主要特征有:该账户可以办理现金缴存,但不得办理现金支取。该账户开立数量没有限制。开立基本存款账户的存款人都可以开立一般存款账户但不能在同一营业机构开立。

2.一般存款账户开立的程序及所需证明文件。一般存款账户的开立比较简单,只要开户行审查符合开立条件,银行即办理开户手续并向中国人民银行当地分支行备案即可。

存款人申请开立一般存款账户,应向开户银行出具开户银行开立基本存款账户所规定的证明文件、基本存款账户开户许可证和下列文件:

(1)存款人因向银行借款需要,应出具借款合同;

(2)存款人因其他结算需要,应出具有关证明。

（五）专用存款账户的开立

1. 专用存款账户是存款人按照法律、行政法规和规章，对有特定用途的资金进行专项管理和使用而开立的银行结算账户。该账户用于办理各项专用资金的收付，开立专用存款账户的目的是保证特定用途的资金专款专用，并有利于监督管理。

2. 专用存款账户开立的程序及所需证明文件。其核准程序与基本存款账户的核准程序基本相同。存款人申请开立专用存款账户时，应填制开户申请书，提供规定的证明文件；银行应对存款人的开户申请书填写的事项和证明文件的真实性、完整性、合规性进行认真审查；如果专用存款账户属于预算单位专用存款账户的，银行应将存款人的开户申请书、相关的证明文件和银行审核意见等开户资料报送中国人民银行当地分支行，经其对申报资料进行合规性审查，并核准后办理开户手续；如果属于预算单位专用存款账户之外的其他专用存款账户的，银行应办理开户手续，并于开户之日起 5 个工作日内向中国人民银行当地分支行备案。

存款人申请开立专用存款账户，应向中国人民银行出具其开立基本存款账户规定的证明文件、基本存款账户开户许可证和下列证明文件：

（1）基本建设资金、更新改造资金、政策性房地产开发资金，应出具主管部门批文。

（2）财政预算外资金，应出具财政部门的证明。

（3）粮、棉、油收购资金，应出具主管部门批文。

（4）单位银行卡备用金，应按照中国人民银行批准的银行卡章程的规定出具有关证明和资料。

（5）证券交易结算资金，应出具证券公司或证券管理部门的证明。

（6）期货交易保证金，应出具期货公司或期货管理部门的证明。

（7）金融机构存放同业资金，应出具其证明。

（8）收入汇缴资金和业务支出资金，应出具基本存款账户存款人有关的证明。

（9）党、团、工会设在单位的组织机构经费，应出具该单位或有关部门的批文或证明。

（10）其他按规定需要专项管理和使用的资金，应出具有关法规、规章或政府部门的有关文件。

合格境外机构投资者在境内从事证券投资开立的人民币特殊账户和人民币结算资金账户纳入专用存款账户管理。其开立人民币特殊账户时应出具国家外汇管理部门的批复文件，开立人民币结算资金账户时应出具证券管理部门证券投资业务的许可证。

3. 对下列资金的管理与使用，存款人可以申请开立专用存款账户：（1）基本建设资金；（2）更新改造资金；（3）财政预算外资金；（4）粮、棉、油收购资金；（5）证券交易结算资金；（6）期货交易保证金；（7）信托基金；（8）金融机构存放同业资金；（9）政策性房地产开发资金；（10）单位银行卡备用金；（11）党、团、工会设在单位的组织机构经费；（12）社会保障基金；（13）住房基金；（14）收入汇缴资金和业务支出资金；（15）其他需要专项管理和使用的资金。

上述收入汇缴资金和业务支出资金，是指基本存款账户存款人附属的非独立核算单位或派出机构发生的收入和支出的资金。

因收入汇缴资金和业务支出资金开立的专用存款账户,应使用隶属单位的名称。

(六)临时存款账户的开立

1. 临时存款账户是存款人因临时经营活动的需要在规定期限内使用而开立的银行结算账户。该账户可办理转账结算和资金收付。该账户有效期最长不超过 2 年。

有下列情况的,存款人可以申请开立临时存款账户:(1)设立临时机构;(2)异地临时经营活动;(3)注册验资。

2. 临时存款账户开立的程序及所需证明文件。该核准程序与基本存款账户的核准程序基本相同。填制开户申请书,提供规定的证明文件;银行应对存款人的开户申请书填写的事项和证明文件的真实性、完整性、合规性进行认真审查;银行应将存款人的开户申请书、相关的证明文件和银行审核意见等开户资料报送中国人民银行当地分支行,经对申报资料进行合规性审查,并核准后办理开户手续。

存款人申请开立临时存款账户,应向银行出具下列证明文件:

(1)临时机构,应出具其驻在地主管部门同意设立临时机构的批文。

(2)异地建筑施工及安装单位,应出具其营业执照正本或其隶属单位的营业执照正本,以及施工及安装地建设主管部门核发的许可证或建筑施工及安装合同。

(3)异地从事临时经营活动的单位,应出具其营业执照正本以及临时经营地工商行政管理部门的批文。

(4)注册验资资金,应出具工商行政管理部门核发的企业名称预先核准通知书或有关部门的批文。

(七)单位银行结算账户的变更

单位银行结算账户的变更是指存款人名称、单位法定代表人或主要负责人、住址以及其他开户资料发生的变更。银行结算账户发生变更的,应填制变更银行结算账户申请书(见表4－1),办理相关的变更手续。

表4－1　变更银行结算账户申请书

账户名称			
开户银行机构代码		账号	
账户性质	基本(　)　专用(　)　一般(　)　临时(　)　个人(　)		
开户许可证核准号			
变更事项及变更后内容如下:			
账户名称			
地址			
邮政编码			

续表 4 - 1

电话		
注册资金金额		
证明文件种类		
证明文件编号		
经营范围		
法定代表人或单位负责人	姓名	
	证件种类	
	证件号码	
关联企业	变更后的关联企业信息填列在"关联企业登记表"中	
上级法人或主管单位的基本存款账户核准号		
上级法人或主管单位的名称		
上级法人或主管单位法定代表人或单位负责人	姓名	
	证件种类	
	证件号码	
本存款人申请变更上述银行账户内容,并承诺所提供的资料真实、有效。 存款人(签章) 年 月 日	开户银行审核意见: 经办人(签章) 开户银行(签章) 年 月 日	人民银行审核意见: 经办人(签名) 人民银行(签章) 年 月 日

填表说明:

(1)存款人申请变更核准类银行结算账户的存款人名称、法定代表人或单位负责人的,中国人民银行当地分支行应当对存款人的变更申请进行审核并签署意见,并重新核发开户许可证。

(2)带括号的选项填"√"。

(3)本申请书一式三联,一联存款人留存,一联开户银行留存,一联中国人民银行当地分支行留存。

1 账户名称变更的基本程序

开户单位由于种种原因需变更账户名称,应向银行交验上级主管部门批准的正式函件,企业单位和个体工商户需要向银行交验工商行政管理部门登记注册的新执照,经银行调查属实后,根据不同情况变更账户名称或撤销原账户并开立新账户。

2 账户号码变更的基本程序

账户号码的变更大多数情况是开户银行本身的管理原因造成的,一般会给一个新旧账户同时有效的过渡期,出纳人员在接到银行的变更账号的通知后,应当及时将新账号通知给有关客户,以避免不必要的麻烦。

3 预留印鉴变更的基本程序

若开户单位由于人事变动等原因,要更换单位财务专用章、财务主管印鉴或出纳人员印鉴的,只需填写更换银行预留印鉴申请书(见表4-2)并出具有关证明,在银行审查同意后,重新填写印鉴卡,并注销原预留银行印鉴卡。

表4-2 更换银行预留印鉴申请书

更换银行预留印鉴申请书
××银行金融街支行: 　　兹有我公司:××有限公司,在贵处设立对公账户:0109084800012××××,近期根据公安局相关要求,将原财务章销毁更换为新的财务章,故到贵处办理银行预留印鉴变更手续,敬请接洽并予以协助! 　　本公司承诺:变更财务章所导致的一切财务问题与贵银行无关,一切后果由本公司承担。 此致 　敬礼 　　　　　　　　　　　　　　　　　　　　　　　　　　　　　　　××有限公司 　　　　　　　　　　　　　　　　　　　　　　　　　　　××××年××月××日

4 账户迁移的基本程序

开户单位的办公地点或经营场所发生搬迁时,应到银行办理账户迁移手续。如同城迁移,由迁出行出具证明,迁入行凭此开立新账户;如搬迁至他城,应重新按规定办理开户手续。在搬迁过程中,可允许暂时保留原账户,但当搬迁结束,单位已在新址恢复生产经营时,原账户应在一个月内撤销。

此外,存款人更改名称,但不改变开户银行及账号的,应于5个工作日内向开户银行提出银行结算账户的变更申请,并出具有关部门的证明文件。单位的法定代表人或主要负责人、住址以及其他开户资料发生变更时,应于5个工作日内书面通知开户银行并提供有关证明。银行接到存款人的变更通知后,应及时办理变更手续,并于2个工作日内向中国人民银行报告。

(八) 单位银行结算账户的合并与撤销

单位因机构调整、合并、撤销、停业等原因,需要合并、撤销账户的,应向银行提出申请,经银行同意后,首先要同开户银行核对存贷款账户的余额并结算全部利息,全部核对无误后开出支取凭证结清余额,同时将未用完的各种重要空白凭证交给银行注销,然后才可办理合并、撤销手续。由于撤销账户单位未交回空白凭证而产生的一切问题应由撤销单位自己承担。

1　账户合并

银行结算账户的合并是指开户单位向银行申请合并其相同资金来源和相同资金性质的账户,或是两个单位合并后合并其银行存款账户。账户合并大体要做四个方面的工作:一是依据并户理由向开户银行出示有关证件;二是主动与银行核对账目,包括存款余额与贷款余额;三是经过银行撤销被并账户,并将被并账户余额划转到保留账户;四是整理被并账户所剩转账支票、现金支票等重要空白凭证,该交回开户银行的交回开户银行,经开户银行同意可继续使用的,更改凭证账号后继续使用。

2　账户撤销

银行结算账户的撤销是指单位因开户资格或其他原因终止银行结算账户使用的行为。存款人有下列情形之一的,应向开户银行提交撤销银行结算账户申请书(见表4-3):

(1)被撤并、解散、宣告破产或关闭的。

(2)注销、被吊销营业执照的。

(3)因迁址需要变更开户银行的。

(4)其他原因需要撤销银行结算账户的。

表4-3　撤销银行结算账户申请书

账户名称		
开户银行名称		
开户银行机构代码	账　号	
账户性质	基本(　)　专用(　)　一般(　)　临时(　)　个人(　)	
开户许可证核准号		
撤销原因		
本存款人申请撤销上述银行账户,并承诺所提供的资料真实、有效。 存款人(签章) 年　月　日	开户银行审核意见: 经办人(签章) 开户银行(签章) 年　月　日	

填表说明:

(1)带括号的选项填"√"。

（2）本申请书一式三联，一联存款人留存，一联开户银行留存，一联中国人民银行当地分支行留存。

3 账户撤销所需材料

单位尚未清偿完其开户银行债务的，不得申请撤销该账户。单位撤销银行结算账户，必须与开户银行核对银行结算账户存款余额，交回各种重要空白票据、结算凭证和开户登记证，银行核对无误后方可办理销户手续。单位未按规定交回各种重要空白票据及结算凭证的，应出具有关证明，造成损失的，由其自行承担损失。

不同的银行结算账户撤销时所需要提供的材料有所不同。

（1）撤销基本存款账户须提供的资料

撤销基本存款账户须提供的资料包括：开户许可证；销户申请书；剩余的支票；印鉴卡；法人身份证原件及两份复印件并加盖公章；若非法人到柜台办理，需提供经办人身份证原件和两份复印件并加盖公章，以及法人授权委托书；工商局出具的企业注销通知书（个别银行需要提供税务局注销通知书原件及复印件）。若企业不再营业，提供工商局的注销证明，可将剩余资金以现金形式取出，若仍继续营业，则将资金转入企业同名账户，且基本存款账户将是最后一个撤销的，即须先将所有一般存款账户撤销，将资金转入基本存款账户后再办理销户手续。

（2）撤销一般存款账户须提供的资料

撤销一般存款账户须提供的资料包括：销户申请书；剩余的支票；印鉴卡；法人身份证原件及一份复印件并加盖公章；若非法人到柜台办理，须提供经办人身份证原件和复印件一份并加盖公章，以及法人授权委托书；若撤销扣税账户，须提供工商、税务的注销通知书原件及复印件（加盖公章），该账户的剩余资金须转入同名其他账户。

（3）撤销临时验资账户须提供的资料

①验资成功。企业须先在开立基本账户之后，将验资账户中的资金转入基本存款账户，并提供基本存款账户开立成功后所取得的开户许可证、销户申请书、股东身份证原件及复印件、印鉴卡。

②验资不成功。须提供：销户申请、原资金转入依据（工商局证明）、印鉴卡、股东身份证原件及一份复印件。若验资不成功，个别会计师事务所可以退还验资报告。

单位被撤并、解散、宣告破产或关闭及单位注销、被吊销营业执照的，应于5个工作日内向开户银行提出撤销银行结算账户的申请。因此撤销基本存款账户的，基本存款账户的开户银行应自撤销银行结算账户之日起2个工作日内将撤销该基本存款账户的情况书面通知该单位其他银行结算账户的开户银行；单位其他银行结算账户的开户银行，应自收到通知之日起2个工作日内通知单位撤销有关银行结算账户；单位应自收到通知之日起3个工作日内办理其他银行结算账户的撤销手续。

银行得知存款人有被撤并、解散、宣告破产或关闭及单位注销、被吊销营业执照的情况,而单位超过规定期限未主动办理撤销银行结算账户手续的,银行有权停止其银行结算账户的对外支付。

　　未获得工商行政管理部门核准登记的单位,在验资期满后,应向银行申请撤销注册验资临时存款账户,其账户资金应退还给原汇款人账户。注册验资资金以现金方式存入,出资人需提取现金的,应出具缴存现金时的现金缴款单原件及有效身份证件。

　　银行撤销单位银行结算账户时,应在其基本存款账户开户登记证上注明销户日期并签章,同时于撤销银行结算账户之日起2个工作日内,向中国人民银行报告。

　　对于1年内未发生收付活动且未欠开户银行债务的单位银行结算账户,银行应通知单位自发出通知之日起30日内办理销户手续,逾期视同自愿销户,未划转款项列入久悬未取专户管理。

三、任务实施

　　(1)开户申请人根据业务发展需要,向单位申请,确定开立临时存款账户。

　　(2)开户申请人向开户银行提交开立临时存款账户需要的相关证明文件,主要包括:基本存款账户证明、企业法人营业执照、税务登记证、法人代表身份证、开户申请人身份证、会计从业资格证和依据《人民币银行结算账户管理办法》规定的相对应的文件等。

　　(3)开户申请人根据要求,填写临时存款账户开户申请表、银行预留印鉴卡和银行结算账户管理协议等。

　　(4)开户银行审核单位填写的开户申请表记载相关事项和提交的相关证明。

　　(5)符合开立临时存款账户事项,开户银行依据《人民币银行结算账户管理办法》的规定(临时存款账户属于核准类账户),将单位开具的开户申请书、相关的证明文件和银行审核意见等开户资料报送中国人民银行当地分支进行核准。

　　(6)中国人民银行于2个工作日内对银行报送的临时存款账户的开户资料的合规性予以审核,符合开户条件的,予以核准,颁发临时存款账户许可证,同时返还相关证明材料。

任务二　银行支票业务

一、布置任务

　　2018年1月22日,出纳林阳需办理以下几笔业务:

　　(1)经有关领导批准,销售科业务员李强领用转账支票一张,用于支付北京电视台广告费10 000元。

　　(2)企业销售1000辆经济型童车给北京艾贝尔有限责任公司,收到对方转账支票一张,金额为 117 000 元。

如果你是出纳林阳,该怎样办理以上业务?

二、相关知识

(一)支票的概念及特点

1 支票的概念

支票是指由出票人签发的,委托办理支票存款业务的银行在见票时无条件支付确定的金额给收款人或者持票人的票据。

支票上印有"现金"字样的为现金支票,现金支票只能用于支取现金。

支票上印有"转账"字样的为转账支票,转账支票只能用于转账。

支票上未印有"现金"或"转账"字样的为普通支票,普通支票既可以用于支取现金,也可以用于转账。在普通支票左上角划两条平行线的,为划线支票。划线支票只能用于转账,不得支取现金。

2 支票的特点

支票结算具有简便、灵活、迅速和可靠的特点,是目前较为常用的一种同城结算方式。

简便,是指使用支票办理结算手续简便,付款人只要在银行有足够的存款,就可以签发支票给收款人,银行凭支票就可以办理款项的划拨或现金的支付。

灵活,是指按照规定,支票可以由付款人向收款人签发以直接办理结算,也可以由付款人出票委托银行主动付款给收款人。另外,转账支票在指定的城市中还可以背书转让。

迅速,是指使用支票办理结算,收款人将转账支票和进账单送交银行,一般当天或次日即可入账,而使用现金支票当时即可取得现金。

可靠,是指银行严禁签发空头支票(空头支票是指签发的支票金额超过银行存款余额的支票),各单位必须在银行存款余额内签发支票,因而收款人凭支票就能取得款项,一般不存在得不到正常支付的情况。

(二)支票及其相关凭证

1 转账支票

转账支票一页两面:正面为存根联和正联,如图 4 - 2 所示;背面的内容和格式如图 4 - 3 所示。

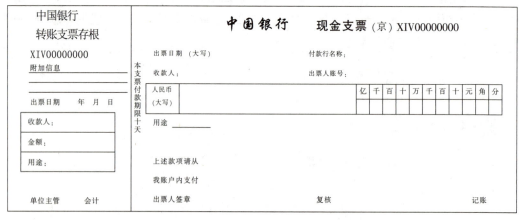

中国银行 转账支票存根 XIV00000000 附加信息 出票日期　年　月　日 收款人： 金额： 用途： 单位主管　　会计	本支票付款期限十天	中国银行　　转账支票（京）XIV00000000 出票日期（大写）　　付款行名称： 收款人：　　出票人账号： 人民币（大写）　亿 千 百 十 万 千 百 十 元 角 分 用途 上述款项请从 我账户内支付 出票人签章　　复核　　记账

图 4－2　转账支票正面（正联和存根联）

附加信息：	被背书人： 收款人签章 年　月　日 身份证件名称：　　发证机关： 号码

图 4－3　转账支票背面

2　现金支票

现金支票一页两面：正面为存根联和正联，内容和格式如图 4－4 所示；背面内容和格式如图 4－5 所示。

中国银行 转账支票存根 XIV00000000 附加信息 出票日期　年　月　日 收款人： 金额： 用途： 单位主管　　会计	本支票付款期限十天	中国银行　　现金支票（京）XIV00000000 出票日期（大写）　　付款行名称： 收款人：　　出票人账号： 人民币（大写）　亿 千 百 十 万 千 百 十 元 角 分 用途 上述款项请从 我账户内支付 出票人签章　　复核　　记账

图 4－4　现金支票正面（正联和存根联）

附加信息：	被背书人：
	收款人签章 年　月　日
	身份证件名称：　　　　　　　　发证机关：
	号码

图 4-5　现金支票背面

3　普通支票

　　普通支票也为一页两面：正面为存根联和正联，内容和格式如图 4-6 所示；背面内容和格式与转账支票的背面相同。

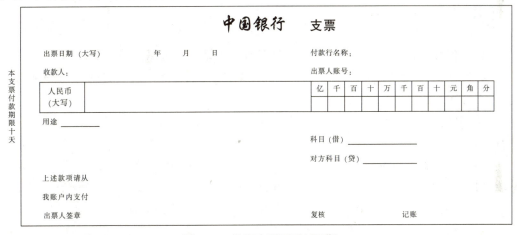

图 4-6　普通支票正面（正联）

4　进账单

　　出票人或持票人将支票送交银行时，必须同时开具一式三联的进账单（见图 4-7）：

　　第一联为回单，由银行盖章后交回出票人或持票人。

　　第二联为贷方凭证，由银行收存。

　　第三联为收账通知，由收款人银行盖章后交收款人。

中国银行 进 账 单 (收账通知) 3

年 月 日

出票人	全 称		收款人	全 称	
	账 号			账 号	
	开户银行			开户银行	

| 金额 | 人民币 (大写) | | | | | 千 | 百 | 十 | 万 | 千 | 百 | 十 | 元 | 角 | 分 |

| 票据种类 | | 票据张数 | |
| 票据号码 | | | |

复核　　　记账　　　　　　　收款人开户银行签章

图4-7　进账单

(三)支票结算的规定及程序

1　支票结算的规定

(1)单位和个人在同一票据交换区域的各种款项结算均可以使用支票。

(2)签发支票必须记载下列事项:①表明支票的字样;②无条件支付的委托;③确定的金额;④付款人名称;⑤出票日期;⑥出票人签章。

欠缺记载上述事项之一的,支票无效。支票的付款人为支票上记载的出票人开户银行。

(3)签发支票要用墨汁或碳素墨水认真填写(或使用支票打印机打印);支票大小写、金额和收款人三处不得涂改,其他内容如有改动须由签发人加盖预留银行印鉴之一证明。

(4)签发现金支票和用于支取现金的普通支票,必须符合国家现金管理的规定。

(5)出票人不得签发与其预留银行签章不符的支票;使用支票密码的,出票人不得签发支付密码错误的支票;禁止签发空头支票,否则,银行予以退票,并按票面金额处以5%但不低于1000元的罚款。持票人有权要求出票人支付支票金额2%的赔偿金。对屡次签发空头支票的,银行应停止其签发支票的权力。

(6)支票的提示付款期限自出票日起10日内(遇法定休假日顺延)。过期支票作废,银行不予受理。

(7)不准签发远期支票。远期支票是指签发当日以后日期的支票。因为签发远期支票容易造成空头支票,所以银行禁止签发远期支票。

(8)不准出租、出借支票。

(9)已签发的现金支票遗失,可以向银行申请挂失;挂失前已经支付的,银行不予受理。已签发的转账支票遗失,银行不受理挂失,但可以请收款单位协助防范。

2 支票结算的程序

支票结算分为现金支票结算和转账支票结算。其中,转账支票的结算流程按照资金的流向,分为转账支票付款流程和转账支票收款流程。其具体操作详见本节"任务实施",在此不予赘述。

(四)支票结算注意事项

1 现金支票

现金支票有两种:一种是支票上印有"现金"字样的现金支票;一种是用于支取现金的普通支票。各单位使用现金支票或普通支票(以下均称"现金支票")时,必须按《现金管理暂行条例》中的现金使用范围及有关要求办理。

(1)签发现金支票必须写明收款单位名称或收款人姓名,并只准收款方或签发单位持票向银行提取现金或办理转账结算,不得将现金支票流通。

(2)签发现金支票首先必须查验银行存款是否有足够的余额,签发的支票金额必须在银行存款账户余额以内,不准超出银行存款账户余额签发空头支票。

(3)签发现金支票不得低于银行规定的金额起点,起点以下的用库存现金支付。支票金额起点为 100 元,但结清账户时,可不受其起点限制。

(4)要严格执行支票有效期限的规定。

(5)支票的持票人应当自出票日起 10 日内提示付款,异地使用的支票,提示付款的期限由中国人民银行另行规定。超过提示付款期限的,付款人可以不予付款。

(6)各单位在填写现金支票时,应按有关规定认真填写支票中的有关栏目。现金支票需填写收款人和开户银行名称、支票号码、签发日期、签发人账号、大小写金额、用途等项目,填写时必须要素齐全、内容真实、数字正确、字迹清晰,不潦草、不错漏,做到标准、规范,防止涂改。

出纳人员签发好现金支票后,撕下正联即可到银行办理取现或将正联交由收款人;出纳人员根据现金支票存根联登记银行存款日记账或交由会计人员编制银行存款付款凭证后登记银行存款日记账。

2 转账支票

转账支票的签发及办理与现金支票基本相同。其不同之处是:

(1)经中国人民银行总行批准的地区,转账支票可以背书转让。

(2)转账支票的收账手续不同,收款单位在收到转账支票时,除审核有关项目外,需填制进账单,连同转账支票送交开户银行,并根据银行退回的加盖银行印章的进账单第一联(回单)编制收款凭证,出纳人员据以登记银行存款日记账。

三、任务实施

支票的签发

1 签发转账支票，支付广告费

（1）业务员李强根据电视台广告费支出预算情况，经有关领导同意，填写支票领用登记簿，申请领用转账支票。

（2）业务员李强填写支票领用登记簿（见图4－8）后，财务主管冯泽轩审核同意。

支票领用登记簿

日期	支票类型	支票号码	用途	金额	领用人	核准人	销号
2018 年 1 月 22 日	转账支票	XIV00000210	广告费	10 000.00 元	李强	冯泽轩	

图4－8 支票领用登记簿填写样例

（3）出纳林阳填写转账支票及存根，印鉴管理人员在转账支票正联加盖公司财务专用章及法人印章，如图4－9所示。

图4－9 填写转账支票正面（正联和存根联）

（4）出纳林阳将转账支票正联剪下，送交业务员李强办理广告费支付手续。

（5）业务员李强办理广告费支付，收到北京电视台开具的"北京市非经营性结算统一收据"收款收据（见图4－10）。

北京市非经营性结算统一收据

收到：北京市鸿途有限责任公司　　2018 年 01 月 22 日

摘　要	金　额									
	千	百	十	万	千	百	十	元	角	分
电视广告费				￥ 1	0	0	0	0	0	0
合计人民币（大写）壹万元整										
备注										

收款单位（财务专用章）　　会计：　　收款人：　　经手人

图 4 - 10　收款收据

费 用 报 销 单

报销日期：2018 年 1 月 22 日

费用项目	类别	金额	负责人（签章）	王玉尧
广告费	销售费用	10 000.00		
			审查意见	同意
报销金额合计		10 000.00	报销人	李强
借款数：10 000.00		应退数：0.00	应补金额：0.00	
审核：冯泽轩				出纳：林阳

图 4 - 11　费用报销单

（7）出纳林阳将转账支票存根及相关文件传给制证会计周彤填制付款凭证（见图 4 - 12）。

（8）出纳林阳依据审核无误的付款凭证，登记银行存款日记账（略）。

2　收到客户支付的转账支票

（1）出纳林阳收到客户支付的转账支票（见图 4 - 13、图 4 - 14），同时开具增值税专用发票（一式三联），将其中第二、三联（见图 4 - 15、图 4 - 16）交给客户。

支票的进账

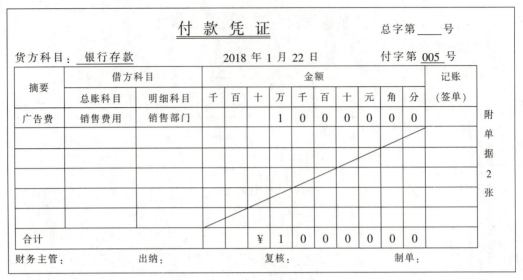

图 4-12　填制付款凭证

图 4-13　转账支票正面

被背书人：	
附加信息：	收款人签章 年　月　日
身份证件名称：　　　　　　　　发证机关：	
号码	

图 4-14　转账支票背面

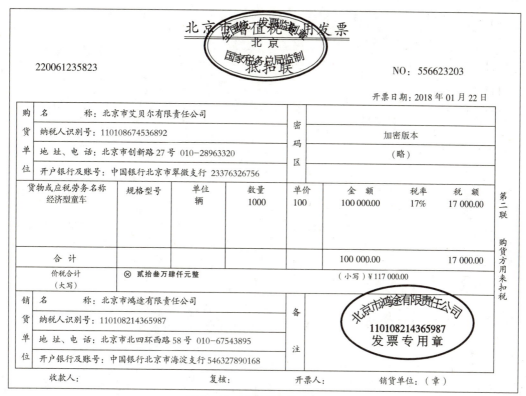

图4-15 增值税专用发票(1)

图4-16 增值税专用发票(2)

(2)出纳林阳持转账支票到开户银行提示付款,在转账支票背面签章(见图4-17)。

图4-17 转账支票提示付款(背面)

(3)出纳林阳填写进账单(见图4-18)办理转账。

图4-18 填写进账单

(4)出纳林阳将收到的银行进账单(收账通知联)和增值税专用发票(第一联),传给制证会计周彤填制收款凭证(见图4-19)。

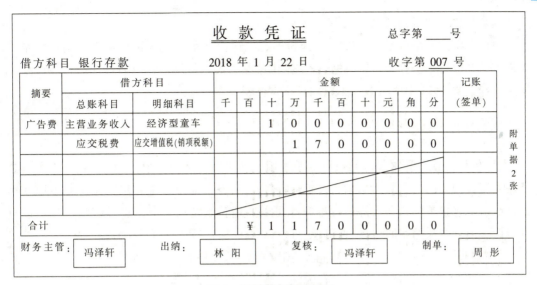

图4-19 填写记账凭证

（5）出纳林阳依据审核无误的收款凭证，登记银行存款日记账（略）。

任务三　银行本票业务

一、布置任务

2018年1月27日，出纳林阳需办理以下几笔业务：

（1）公司从北京市恒通橡胶有限责任公司（账号：38904896522；开户行：中国银行北京市红旗路支行）购进一批轮胎，货款10 000元，增值税1700元，用银行本票支付。

（2）销售1000辆舒适型童车给北京市小精灵有限责任公司（账号：23376326756；开户行：中国银行北京市河西支行），销售货款200 000元，增值税34 000元，对方以银行本票支付。

如果你是出纳林阳，你该如何办理上述业务？

二、相关知识

（一）银行本票的概念及特点

1　银行本票的概念

银行本票是申请人将款项交存银行，由银行签发的承诺自己在见票时无条件支付确定的金额给收款人或者持票人的票据。

银行本票按照金额是否预先固定分为不定额银行本票和定额银行本票。不定额银行本票由经办银行签发和兑付;定额银行本票由中国人民银行发行,各银行代办签发和兑付。如无特殊说明,本节中所讲银行本票均指不定额银行本票。

2 银行本票的特点

(1)使用方便。我国现行的银行本票使用方便灵活。单位、个体经营户和个人不管是否在银行开户,其在同城范围内的所有商品交易、劳务供应及其他款项的结算都可以使用银行本票。收款单位和个人持银行本票既可以办理转账结算,也可以支取现金,还可以背书转让。银行本票见票即付,结算迅速。

(2)信誉度高,支付能力强。银行本票由银行签发,并于指定到期日前由签发银行无条件支付,因而信誉度很高,一般不存在无法正常支付的问题。

(二)银行本票式样

银行本票一式两联:第一联称为卡片联(见图4-20),由出票行签发后留存,结清本票时作为借方凭证;第二联称为本票联,分为正、背两面,正面如图4-21所示,背面如图4-22所示。

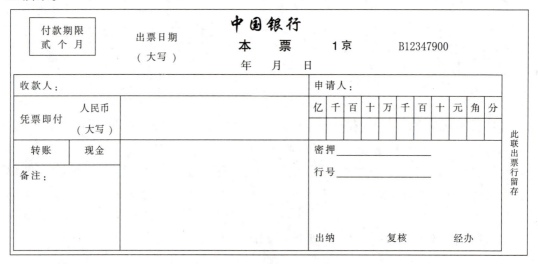

图4-20　银行本票第一联(卡片联)

付款期限 贰个月	出票日期 （大写） 年 月 日	中国银行 本票　2京　B12347900											此联出票行结清本票时作借方凭证

收款人：　　　　　　　　　　　　　　申请人：

凭票即付	人民币 （大写）		亿	千	百	十	万	千	百	十	元	角	分

转账	现金		密押 ＿＿＿＿＿＿＿

备注：　　　　　　　　　　　　　　　行号 ＿＿＿＿＿＿＿

出票行签章

出纳　　　　　复核　　　　　经办

图 4-21　银行本票第二联正面

被背书人	被背书人	粘贴单处
收款人签章 年 月 日	收款人签章 年 月 日	

持票人向银行 提示付款签单：	身份证件名称： 号码	发证机关：

图 4-22　银行本票第二联背面

（三）银行本票结算规定与程序

（1）单位和个人在同一票据交换区域支付各种款项，均可以使用银行本票，即银行本票在指定城市的同城范围内使用。

（2）银行本票可以用于转账，注明"现金"字样的银行本票可以用于支取现金。申请人或收款人为单位的，银行不得为其签发现金银行本票。

（3）银行本票的提示付款期限自出票日起最长不超过2个月。逾期的银行本票，兑付银行不予受理，但可以在签发银行办理退款。

（4）银行本票一律记名，允许背书转让。

（5）银行本票见票即付，不予挂失。遗失的不定额银行本票在付款期满后一个月确未被冒领的，可以办理退款手续。

（6）签发银行本票必须记载下列事项：①表明"银行本票"的字样；②无条件支付的承诺；③确定的金额；④收款人名称；⑤出票日期；⑥出票人签章。

欠缺记载上述事项之一的，银行本票无效。

（四）银行本票结算流程

1 付款人办理银行本票

（1）申请签发本票。申请人使用银行本票，须向银行申请填写银行本票申请书（一式三联），如图 4 - 23、图 4 - 24、图 4 - 25 所示。

图 4 - 23　银行本票申请书第一联

图 4 - 24　银行本票申请书第二联

中国银行　**本票申请书**（贷方凭证）　③　AE001234

申请日期　　年　月　日

申请人		收款人												
账号或住址		账号或住址												
用途		代理付款行												
本票金额	人民币（大写）			千	百	十	万	千	百	十	元	角	分	
备注：														

此联出票行作贷方凭证

银行出纳　　　　复核　　　　记账　　　　验印

图4-25　银行本票申请书第三联

（2）签发银行本票。出票银行受理银行本票申请书，收妥款项后签发银行本票。签发银行本票必须记载事项。

2　付款单位持银行本票购买货物

付款单位收到银行签发的银行本票后，即可持银行本票向其他单位购买货物，办理货款结算。付款单位可将银行本票直接交给收款单位，然后根据收款单位的发票账单等有关凭证编制转账凭证：

借：材料采购（或商品采购）
　贷：其他货币资金——银行本票

如果实际购货金额大于银行本票金额，付款单位可以用支票或现金等补齐不足的款项，同时根据有关凭证按照不足款项编制银行存款或现金付款凭证：

借：物资采购
　贷：银行存款（或现金）

如果实际购货金额小于银行本票金额，则由收款单位用支票或现金退回多余的款项，付款单位应根据有关凭证，按照退回的多余款项编制银行存款或现金收款凭证：

借：银行存款（或现金）
　贷：其他货币资金——银行本票

3　收款人收到银行本票

收款人收到付款人交来的银行本票后，首先应对银行本票进行认真的审查。审查的内容主要包括：

（1）银行本票上的收款人或被背书人是否为本单位，背书是否连续；

（2）银行本票上加盖的汇票专用章是否清晰；

（3）银行本票是否在付款期（付款期限为 2 个月）内；

（4）银行本票中的各项内容是否符合规定；

（5）银行本票是否有压数机压印的金额，本票金额大小写数额与压印数额是否相符。

审查无误后，受理付款人的银行本票，填写一式三联进账单，并在银行本票背面加盖单位预留的银行印鉴，将银行本票连同进账单一并送交开户银行。开户银行接到收款单位交来的本票，按规定认真审查。审查无误后即办理兑付手续，在进账单第三联收款通知上加盖"转讫"章作收款通知退回收款单位。如果购货金额大于本票金额，付款单位用支票补足款项的，可将本票连同支票一并送存银行，也可分开办理。如果收款单位收受的是填写"现金"字样的银行本票，按规定同样应办理进账手续。如果收款人是个体经营户和个人，则可凭身份证办理现金支取手续。

收款单位出纳人员应根据银行退回的进账单第三联及有关原始凭证登记银行存款日记账，会计人员编制银行存款收款凭证：

借：银行存款

　　贷：主营业务收入

应交税费——应交增值税（销项税额）

4　银行本票的背书转让

银行本票的持有人转让本票，应在本票背面"背书"栏内背书，加盖本单位预留银行印鉴，注明背书日期，在"被背书人"栏内填写受票单位名称，之后将银行本票直接交给被背书人，同时向被背书人交验有关证件，以便被背书人查验。被背书人对收受的银行本票应认真进行审查，审查内容与收款人审查内容相同。按照规定，银行本票的背书必须连续，也就是说银行本票上的任意一个被背书人就是紧随其后的背书人，且连续不断。如果本票的签发人在本票的正面注有"不准转让"字样，则该本票不得背书转让；背书人也可以在背书时注明"不准转让"，以禁止本票背书转让后再转让。

5　银行本票的退款处理

银行本票见票即付，流动性极强，银行不予挂失。一旦遗失或被窃，被人冒领款项，后果由银行本票持有人自负。因此，银行本票持有人必须像对待现金那样，认真、妥善保管银行本票，防止遗失或被窃。

按照规定，超过付款期限的银行本票如果同时具备下列两个条件，可以办理退款：

一是该银行本票由签发银行签发后未曾背书转让；

二是持票人为银行本票的收款单位。

付款单位办理退款手续时，应填制进账单，连同银行本票一并送交签发银行，签发银行审查同意后在进账单通知联上加盖"转讫"章退给付款单位作为收账通知。付款单位凭银

行退回的进账单登记银行存款日记账,编制银行存款收款凭证:

　　借:银行存款

　　　贷:其他货币资金——银行本票

　　如果遗失银行本票,且付款期满一个月确未冒领的,可以到银行办理退款手续。在办理退款手续时,应向签发银行出具盖有单位公章的遗失银行本票退款申请书,并连同填制好的进账单一并交银行办理退款,同时根据银行退回的进账单通知联登记银行存款日记账和编制银行存款收款凭证。

三、任务实施

1　申请银行本票,支付货款

　　(1)出纳林阳根据业务要求,填写银行本票申请书。印鉴管理人员在银行本票申请书第二联加盖印鉴,如图4-26所示。

图4-26　填写银行本票申请书

　　(2)出纳林阳将填写好的银行本票申请书(一式三联)交给银行柜员,申请签发银行本票。

　　(3)银行柜员检查银行本票申请书,核实无误后,办理转账,据此签发银行本票。银行柜员将银行本票第二联(见图4-27)和银行本票申请书第一联(存根)(见图4-28)一并交给出纳林阳。

付款期限 贰 个 月	出票日期 （大写） 贰零壹捌年零壹月贰拾柒日	中国银行 本 票 2京 B12347900												此联出票行结清本票时作借方凭证

收款人：北京市恒通橡胶有限责任公司		申请人：北京市鸿途有限责任公司									
凭票即付	人民币 （大写）	壹万壹仟柒佰元整	亿	千	百	十	万	千	百	十	元	角	分
								¥	1	1	7	0	0	0	0
转账	现金		密押_____								
备注：			行号_____								
		出票行签章	出纳　　　　复核　　　　经办								

图4-27　签发银行发票（第2联）

中国银行　本票申请书（存根）　② AE001234														
申请日期 2018 年 01 月 27 日														

申请人	北京市鸿途有限责任公司	收款人	北京市恒通橡胶有限责任公司									
账号或住址	546327890168	账号或住址	38904896522									
用途	货款	代理付款行	中国银行北京市红旗路支行									
本票金额	人民币 （大写） 壹万壹仟柒佰元整		千	百	十	万	千	百	十	元	角	分
						¥	1	1	7	0	0	0	0
备注：												
银行出纳　　　　　　复核　　　　　　记账　　　　　　验印												

图4-28　签发银行本票存根联

（4）出纳林阳将银行本票复印两份（一份用于会计做账，一份出纳自己留存），原件用于支付货款，同时将银行本票申请书（存根）交制证会计周彤填制付款凭证（见图4-29）。

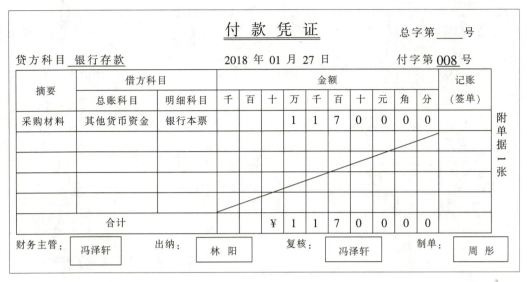

付 款 凭 证   总字第＿＿号

贷方科目　银行存款　　　　　2018 年 01 月 27 日　　　　付字第 008 号

摘要	借方科目		金额										记账
	总账科目	明细科目	千	百	十	万	千	百	十	元	角	分	（签单）
采购材料	其他货币资金	银行本票			1	1	7	0	0	0	0	0	
合　计				￥	1	1	7	0	0	0	0	0	

附单据一张

财务主管：冯泽轩　　　出纳：林　阳　　　复核：冯泽轩　　　制单：周　彤

图 4-29　填制记账凭证

（5）出纳林阳依据审核无误的付款凭证，登记银行存款日记账（略）。

2　收到客户支付的银行本票

（1）出纳林阳收到客户支付的银行本票（见图 4-30），仔细审核银行本票：收款人是否为本单位，银行本票是否在提示付款期内，必须记载的事项是否齐全，出票人签章是否符合规定，出票金额、出票日期、收款人名称是否更改，更改的其他事项是否由原出票人签章证明，背书是否连续。

付款期限 贰个月	出票日期 （大写）	中国银行											
		本　票　　2京　　　B12347900											
		贰零壹捌年壹月贰拾柒日											
收款人：北京市鸿途有限责任公司			申请人：北京市鸿途有限责任公司										
凭票即付	人民币 （大写）	壹拾壹万柒仟元整		亿	千	百	十	万	千	百	十	元	角	分
						￥	1	1	7	0	0	0	0	0
转账	现金		密押　￥117 000.00										
备注：			行号										
		出票行签章	出纳　　　复核　　　经办										

此联出票行结清本票时作借方凭证

图 4-30　银行本票

（2）出纳林阳审核银行本票无误后，开具增值税专用发票（一式三联），将其中第二、三联（见图 4-31、图 4-32）交给客户。

图 4-31　增值税抵扣联

图 4-32　增值税发票联

（3）出纳林阳找印鉴管理人员在银行本票背面签章（见图4-33），然后持银行本票到开户行提示付款。

图4-33　银行本票签章

（4）开户行审核银行本票无误后，出纳林阳填制进账单，将填写好的进账单（见图4-34）连同银行本票同时交于开户行进行转账。

中国银行　进 账 单（收账通知）　3

2018 年 01 月 22 日

收款人	全　称	北京市小精灵有限责任公司	付款人	全　称	北京市鸿途有限责任公司									
	账　号	23376326756		账　号	546327890168									
	开户银行	中国银行北京市河西支行		开户银行	中国银行北京市海淀支行									
金额	人民币（大写）	贰拾叁万肆仟元整			千	百	十	万	千	百	十	元	角	分
						¥	2	3	4	0	0	0	0	0
票据种类	转账本票	票据张数	1	收款人开户										
票据号码														
复核　　记账														

图4-34　填写银行进账单

（5）出纳林阳将进账单（收账通知联）和增值税专用发票（第一联），传给制证会计周彤填制收款凭证（见图4-35）。

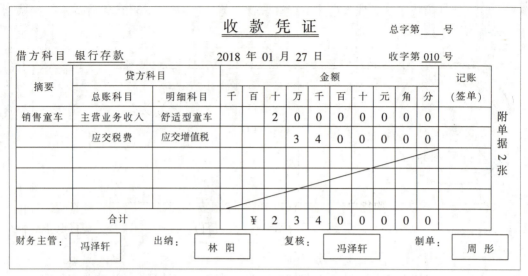

图 4-35 填制记账凭证

（6）出纳林阳依据审核无误的收款凭证，登记银行存款日记账（略）。

任务四 银行汇票业务

一、布置任务

2018 年 2 月 3 日，出纳林阳需办理以下几笔业务：

（1）公司从长沙市富源钢管有限责任公司（账号：000242424335；开户行：中国银行长沙支行）购进一批钢管，货款 20 000 元，增值税 3400 元，用银行汇票支付。

（2）销售 100 辆豪华型童车给广州市好贝贝童车有限责任公司（账号：00354424300；开户行：中国银行广州市中山路支行），销售货款 100 000 元，增值税 17 000 元，对方以银行汇票支付。

如果你是出纳林阳，你该如何办理上述业务？

二、相关知识

银行汇票

（一）银行汇票的概念和特点

银行汇票是出票银行签发的，由其在见票时按照实际结算金额无条件支付给收款人或者持票人的票据。银行汇票主要有以下五个特点：

1 适用范围广

银行汇票是目前异地结算中广泛采用的一种结算方式。这种结算方式不仅适用于在银行开户的单位、个体经营户和个人,而且适用于未在银行开立账户的个体经营户和个人。凡是各单位、个体经营户和个人需要在异地进行商品交易、劳务供应和其他经济活动及债权债务结算的,都可以使用银行汇票。银行汇票既可以用于转账结算,也可以支取现金。

2 票随人走,钱货两清

实行银行汇票结算,购货单位交款,银行开票,票随人走;购货单位购货给票,销售单位验票发货,一手交票,一手交货。银行见票付款,这样可以减少结算环节,缩短结算资金在途时间,方便购销活动。

3 信用度高,安全可靠

银行汇票是银行在收到汇款人款项后签发的支付凭证,因而具有较高的信誉。由于银行保证支付,收款人持有票据就可以安全、及时地到银行支取款项。而且,银行内部有一套严密的处理程序和防范措施,只要汇款人和银行认真按照汇票结算的规定办理,汇款就能保证是安全的。一旦汇票丢失,如果确属现金汇票,汇款人可以向银行办理挂失,填明收款单位和个人,银行可以协助防止款项被他人冒领。

4 使用灵活,适应性强

实行银行汇票结算,持票人可以将汇票背书转让给销货单位,也可以通过银行办理分次支取或转让。另外,还可以使用信汇、电汇或重新办理汇票转汇款项,因而有利于购货单位在市场上灵活地采购物资。

5 结算准确,余款自动退回

一般来讲,购货单位很难确定具体购货金额,因而出现汇多用少的情况是不可避免的。有些情况下,多余款项往往长时间得不到清算,从而给购货单位带来不便和损失。而使用银行汇票结算则不会出现这种情况,单位持银行汇票购货,凡在汇票的汇款金额之内的,都可根据实际采购金额办理支付,多余款项将由银行自动退回。这样,可以有效地防止交易尾欠的发生。

(二)银行汇票及相关凭证

1 银行汇票申请书

银行汇票申请书一式三联。第一联为存根联,由汇款单位办妥银行汇票后据以编制记账凭证;第二联为借方凭证,是出票银行办理银行汇票从汇款单位的存款账户中付出款项的凭证;第三联为贷方凭证,是出票银行办理银行汇票汇出汇款的凭证。填写好后,在申请书第二联“申请人签章”处加盖汇款单位预留银行印鉴,即可持申请书向银行申请办理,并将款项缴存银行(汇款单位到本单位开户银行申请办理银行汇票时,汇票款由银行凭银行汇票申请书从汇款人存款账户中收取)。银行受理银行汇票申请书,在收妥款项后,据以签发银行汇票。银行汇票申请书格式如图 4－36、图 4－37 和图 4－38 所示。

中国银行　汇票申请书(存根)　①　AE001234

申请日期　　年　　月　　日

申请人		收款人											
账号或住址		账号或住址											
用途		代理付款行											
汇票金额	人民币（大写）			千	百	十	万	千	百	十	元	角	分
备注：													
银行出纳		复核		记账				验印					

此联申请人留存

图 4－36　银行汇票申请书第一联

中国银行　汇票申请书(借方凭证)　②　AE001234

申请日期　　年　　月　　日

申请人		收款人											
账号或住址		账号或住址											
用途		代理付款行											
汇票金额	人民币（大写）			千	百	十	万	千	百	十	元	角	分
备注：													
申请人签章	银行出纳	复核		记账				验印					

此联出票行作借方凭证

图 4－37　银行汇票申请书第二联

中国银行　　汇票申请书（贷方凭证）　③　AE001234

申请日期　　年　月　日

申请人		收款人	
账号或住址		账号或住址	
用途		代理付款行	

本票金额	人民币（大写）		千	百	十	万	千	百	十	元	角	分

备注：

银行出纳　　复核　　记账　　验印

此联出票行作贷方凭证

图 4－38　银行汇票申请书第三联

2 银行汇票的内容和格式

银行汇票一式四联。第一联为卡片联，由兑付行支付票款时作付出传票；第二联为银行汇票，与第三联解讫通知书一并交由汇款人自带，在兑付行兑付汇票后，此联作为银行往来账付出传票；第三联为解讫通知，在兑付行兑付后随报单寄签发行，由签发行作余款收入传票；第四联为多余款通知，在签发行结清多余款后交申请人。银行汇票的格式和内容如图 4－39、图 4－40、图 4－41 和图 4－42 所示。

付款期限 贰 个 月	中国银行 银行汇票（卡片） 1	XI00578567 第 号

出票日期：（大写） 年 月 日　　代理付款行： 行号：

收款人											
出票金额	人民币（大写）										
实际结算金额	人民币（大写）	千	百	十	万	千	百	十	元	角	分

申请人：______　　账户或住址：______

出票行：______

备　注：______

									复核　记账
多余金额									
百	十	万	千	百	十	元	角	分	

复核：　　经办：

此联出票行结清汇票时作汇出汇款借方凭证

图 4－39　银行汇票第一联

付款期限 贰 个 月	中国银行 银行汇票 2	XU00578567 第 号

出票日期：（大写） 年 月 日　　代理付款行： 行号：

收款人	账号：										
出票金额	人民币（大写）										
实际结算金额	人民币（大写）	千	百	十	万	千	百	十	元	角	分

申请人：______　　账户或住址：______

出票行：______　　行号：______

备　注：______

密押：									复核　记账
多余金额									
百	十	万	千	百	十	元	角	分	

凭票付款

出票行盖章

此联代理付款行付款后做联行往账借方凭证

图 4－40　银行汇票第二联

中国银行

X100578567

银行汇票（解讫通知） 3

第 号

付款期限 贰 个 月		

出票日期：　　　年　月　日
（大写）

代理付款行：
行号：

收款人　　　　　　　　　　　　　账号：

出票金额　人民币
（大写）

实际结算金额　人民币
（大写）

	千	百	十	万	千	百	十	元	角	分

申请人：_____　　　账户或住址：_____

出票行：_____　　　行号：_____

备　注：_____

代理付款盖章

密押：										
多余金额									复核　　　记账	
百	十	万	千	百	十	元	角	分		

复核：　　　经办：

此联代理付款后做随投单寄出票行，由出票行做余款贷方凭证

图4-41　银行汇票第三联

中国银行

XI00578567

银行汇票（多余款项收账通知） 4

第 号

付款期限 贰 个 月		

出票日期：　　　年　月　日
（大写）

代理付款行：
行号：

收款人

出票金额　人民币
（大写）

实际结算金额　人民币
（大写）

	千	百	十	万	千	百	十	元	角	分

申请人：_____　　　账户或住址：_____

出票行：_____

备　注：_____

出票行盖章

密押：										
多余金额									左列退回多余金额 已收入你账户内。	
百	十	万	千	百	十	元	角	分	复核　　　记账	

复核：　　　经办：

此联出票行结算清多余款后交申请人

图4-42　银行汇票第四联

（三）银行汇票结算规定和程序

1 银行汇票结算的当事人

（1）出票人。银行汇票结算的出票人是指签发汇票的银行。

（2）收款人。收款人是指从银行提取汇票所汇款项的单位和个人。收款人可以是汇款人本身，也可以是与汇款人有商品交易往来或汇款人要与之办理结算的人。

（3）付款人。付款人是指负责向收款人支付款项的银行。如果出票人和付款人属于同一家银行（如都是中国工商银行的分支机构），则出票人和付款人实际上为同一个人。如果出票人和付款人不属于同一家银行，而是两家不同银行的分支机构，则出票人和付款人为两个人。

2 银行汇票结算的主要规定

（1）银行汇票的签发和解付，只能由中国人民银行和商业银行参加"全国联行往来"的银行机构办理。跨系统银行签发的转账银行汇票的解付，应通过同城票据交换将银行汇票和解讫通知提交同城的有关银行审核支付后抵用。省、自治区、直辖市内和跨省、市的经济区域内，按照有关规定办理。在不能签发银行汇票的银行开户的汇款人需要使用银行汇票时，应将款项转交附近能签发银行汇票的银行办理。

（2）银行汇票一律记名。记名是指在汇票中指定某一特定人为收款人，其他任何人都无权领款；但如果指定收款人以背书方式将领款权转让给其指定的收款人，则其指定的收款人有领款权。

（3）银行汇票有提示付款期。付款期为银行汇票自出票起1个月内（按次月对日计算，无对日的，月末日为到期日，遇法定节假日顺延）。持票人超过付款期限提示付款的，代理付款人不予受理。

3 银行汇票结算流程

（1）申请银行汇票。申请人向出票银行提交银行汇票申请书，填写内容包含申请日期、申请人名称、申请人账号、用途、收款人名称、收款人账号、汇票金额等，谨记在第二联上加盖单位预留印鉴。将一式三联银行申请书交签发银行。

（2）签发银行出票。出票银行收到银行汇票申请书，收妥款项后签发银行汇票，并用压数机压印出票金额，将银行汇票第二联和第三联一并交申请人。签发银行汇票必须记载下列事项：①表明"银行汇票"的字样；②无条件支付的承诺；③确定的金额；④付款人名称；⑤收款人名称；⑥出票日期；⑦出票人签章。

欠缺记载上述事项之一的，银行汇票无效。

银行填写的汇票经复核无误后，在第二联上加盖汇票专用章并由授权的经办人签名或盖章,签章必须清晰;在"实际结算金额"栏的小写金额上端用总行统一制作的压数机压印出金额,然后连同第三联(解讫通知)一并交给申请人。

(3)出纳进行账务处理。出纳人员收到签发银行签发的银行汇票联(第二联)、解讫通知联(第三联)和银行盖章退回的银行汇票申请书第一联存根联传制证会计编制记账凭证,账务核算如下:

借:其他货币资金——银行汇票

　　贷:银行存款

出纳依据记账凭证登记银行存款日记账。

(4)申请人持银行汇票到异地办理结算,收款人受理收到的银行汇票。

4 收款单位受理银行汇票

(1)审核银行汇票。收款人受理银行汇票后,须认真审核以下内容:①收款人或背书人是否确为本单位;②银行汇票是否在提示付款期内,日期、金额等填写是否正确无误;③必须记载的事项是否齐全;④印章是否清晰,是否符合规定,压数机压印的金额是否清晰;⑤银行汇票和解讫通知是否齐全、相符;⑥银行汇票和解讫通知联是否齐全,内容是否一致。

(2)办理结算。审查无误后,在汇款金额以内,根据实际需要的款项办理结算,并将实际结算金额和多余金额准确、清晰地填入银行汇票和解讫通知的相关栏内(实际结算金额和多余金额如果填错,应用红线划去全数,在上方重填正确数字并加盖本单位印章,但只限更改一次)。银行汇票的多余金额由签发银行退交汇款人。全额解付的银行汇票,应在"多余金额"栏写上数字"0"。

填写完结算金额和多余金额后,收款人或被背书人将银行汇票和解讫通知同时提交兑付银行,缺少任何一联均无效,银行将不予受理。

在银行开立账户的收款人或被背书人受理银行汇票后,在汇票背面加盖预留银行印鉴,连同解讫通知和进账单送交开户银行办理转账。

将银行汇票联、解讫通知联和进账单送交开户银行办理收账手续后,出纳人员将银行退回的进账单第三联(收账通知)和发票存根联等原始凭证,传递给制证会计填制记账凭证,出纳依据记账凭证登记银行存款日记账,账务处理如下:

借:银行存款

　　贷:主营业务收入

三、任务实施

1 申请银行汇票,支付货款

(1)出纳林阳根据业务要求,填写银行汇票申请书。印鉴管理人员在银行本票申请书第二联加盖印鉴(见图4-43)。

图4-43　填写银行汇票申请书

（2）出纳林阳将填写好的银行汇票申请书（一式三联）传递给银行柜员，申请签发银行汇票。

（3）银行柜员检查银行汇票申请书，核实无误后办理转账，据此签发银行汇票。银行柜员将银行汇票第二、三联（见图4-44、图4-45）和银行汇票申请书第一联（存根）（见图4-46）一并交给出纳林阳。

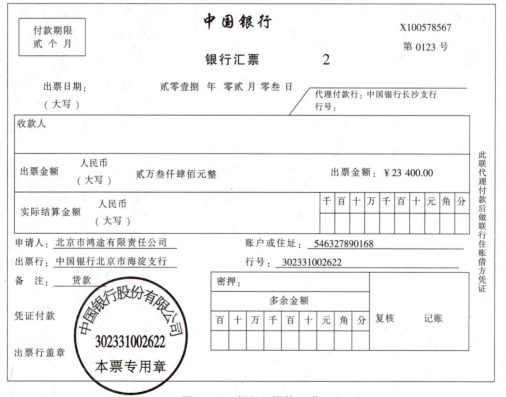

图4-44　银行汇票第二联

付款期限 **贰 个 月**		**中国银行**		X100578567
		银行汇票 3		第 0123 号
出票日期： （大写）		贰零壹捌 年 零贰 月 零叁 日	**代理付款行：** 中国银行长沙支行 **行号：**	
收款人				
出票金额	人民币 （大写）	贰万叁仟肆佰元整	**出票金额：** ¥ 23 400.00	
实际结算金额	人民币 （大写）		千 百 十 万 千 百 十 元 角 分	

申请人：北京市鸿途有限责任公司　　账户或住址：546327890168

出票行：中国银行北京市海淀支行　　行号：302331002622

备　注：货款

密押：

多余金额								复核　　　记账
百	十	万	千	百	十	元	角	分

代理付款行盖章

复核：　　　　　经办：

此联代理付款行付款后做随投单寄出票行，由出票行做余款贷方凭证

图 4-45　银行汇票第三联

图 4-46　银行汇票申请书第一联（存根）

　（4）出纳林阳将银行汇票第二联（正联）复印两份（一份交于会计做账，一份出纳自己留存），原件用于支付货款，同时将银行汇票申请书（存根）交制证会计周彤填制付款凭证（见图 4-47）。

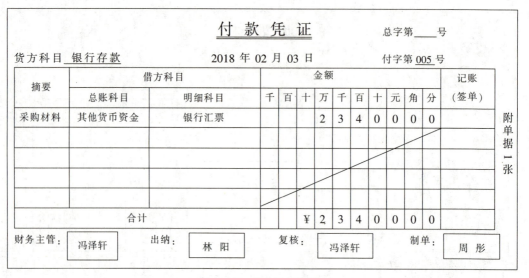

图 4 - 47　填制记账凭证

（5）出纳林阳依据审核无误的付款凭证,登记银行存款日记账(略)。

2　收到客户支付的银行汇票

（1）出纳林阳收到客户支付的银行汇票后,仔细审核银行汇票:收款人是否为单位,银行汇票是否在提示付款期内,必须记载的事项是否齐全,出票人签章是否符合规定,出票金额、出票日期、收款人名称是否更改,更改的其他事项是否由原出票人签章证明,背书是否连续,等等。

（2）出纳林阳审核银行汇票无误后,填写实际结算金额,由于出票金额与实际结算金额相等,故在多余金额栏处填写数字"0"。填写结果如图 4 - 48、图 4 - 49 所示。

图4-48　银行汇票第二联

图4-49　银行汇票第三联

（3）出纳林阳开具增值税专用发票（一式三联），将其中第二、三联（见图4-50、图4-51）交给客户。

图4-50 增值税专用发票抵扣联

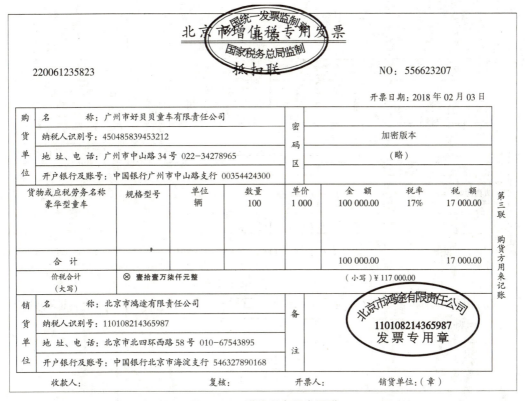

图4-51　增值税专用发票联

（4）出纳林阳找印鉴管理人员在银行汇票背面签章（见图4-52），然后持银行汇票到开户行提示付款。

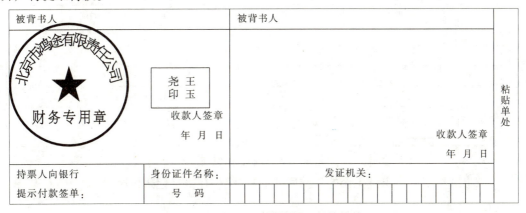

图4-52　银行汇票背面提示付款签单

（5）开户行审核银行汇票无误后，出纳林阳填制进账单，将填写好的进账单（一式三联）（见图4-53）同银行汇票一起交于开户行进行转账。

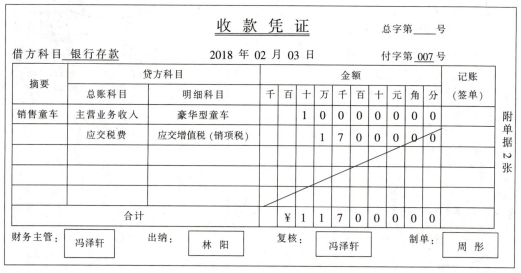

中国银行 进 账 单（收账通知）3

2018 年 01 月 27 日

收款人	全　称	北京市好贝贝童车有限责任公司	收款人	全　称	北京市鸿途有限责任公司
	账　号	00354424300		账　号	546327890168
	开户银行	中国银行广州市中山路支行		开户银行	中国银行北京市海淀支行

金额	人民币（大写）	壹拾壹万柒仟元整	千	百	十	万	千	百	十	元	角	分
					¥	1	1	7	0	0	0	0	0

票据种类	转账支票	票据张数	1	
票据号码				

收款人开户

复核　　　记账

图 4 - 53　填写银行进账单

（6）出纳林阳将进账单（收账通知）联和增值税专用发票（第一联），传给制证会计周彤填制收款凭证（见图 4 - 54）。

收 款 凭 证

总字第＿＿＿号

借方科目_银行存款　　　2018 年 02 月 03 日　　　付字第_007_号

摘要	贷方科目		金额										记账
	总账科目	明细科目	千	百	十	万	千	百	十	元	角	分	（签单）
销售童车	主营业务收入	豪华型童车			1	0	0	0	0	0	0	0	
	应交税费	应交增值税（销项税）				1	7	0	0	0	0	0	
合计			¥	1	1	7	0	0	0	0	0	0	

财务主管：　冯泽轩　　　出纳：　林 阳　　　复核：　冯泽轩　　　制单：　周 彤

附单据 2 张

图 4 - 54　填制记账凭证

（7）出纳林阳依据审核无误的收款凭证，登记银行存款日记账（略）。

任务五　商业汇票业务

一、布置任务

2018 年 2 月 10 日,出纳林阳需办理以下几笔业务:

(1)公司从北京市鑫达贸易有限责任公司(账号:47890396522;开户行:中国银行北京市怀柔支行)购进一批童车包装套件,货款 20 000 元,增值税 3400 元。双方签订购销合同,注明使用银行承兑汇票进行结算。

(2)公司销售 100 辆舒适型童车给北京市宝乐童车有限责任公司(账号:47890346756;开户行:中国银行北京市三里河支行),销售货款 10 000 元,增值税 1700 元。双方签订购销合同,注明使用银行承兑汇票进行结算。

如果你是出纳林阳,你该如何办理上述业务?

二、相关知识

(一)商业汇票的概念和特点

商业汇票

1　商业汇票的概念

商业汇票是指由收款人或存款人(或承兑申请人)签发,由承兑人承兑,并于到期日向收款人或被背书人无条件支付款项的一种票据。承兑是指汇票的付款人承诺在汇票到期日支付汇票金额给收款人或持票人的票据行为。承兑仅限于商业汇票,付款人承兑商业汇票时,应当在汇票正面记载"承兑"字样和承兑日期并签章。

2　商业汇票的特点

与其他银行结算方式相比,商业汇票具有如下特点:

(1)与银行汇票等相比,商业汇票的适用范围相对较窄,各企业、事业单位之间只有根据购销合同进行合法的商品交易,才能签发商业汇票。除商品交易以外,其他方面的结算,如劳务报酬、债务清偿、资金借贷等不可采用商业汇票结算方式。

(2)与银行汇票等结算方式相比,商业汇票的使用对象也相对较少。商业汇票的使用对象是在银行开立账户的法人。使用商业汇票的收款人、付款人及背书人、被背书人等必须同时具备两个条件:一是在银行开立账户,二是具有法人资格。个体工商户、农村承包户、个人、法人的附属单位等不具有法人资格的单位或个人,以及虽具有法人资格但没有在银行开立账户的单位都不能使用商业汇票。

（3）商业汇票可以由付款人签发，也可以由收款人签发，但都必须经过承兑。只有经过承兑的商业汇票才具有法律效力，承兑人负有到期无条件付款的责任。商业汇票到期，因承兑人无款支付或其他合法原因，债务人不能获得付款时，可以按照汇票背书转让的顺序，向前手行使追索权，依法追索票面金额；该汇票上的所有关系人都应负连带责任。商业汇票的承兑期限由交易双方商定，一般为3个月至6个月，最长不得超过9个月，属于分期付款的，应一次签发若干张不同期限的商业汇票。

（4）未到期的商业汇票可以到银行办理贴现，从而使结算和银行资金融通相结合，有利于企业及时地补充流动资金，维持生产经营的正常进行。

（5）商业汇票在同城、异地都可以使用，而且没有结算起点的限制。

（6）商业汇票一律记名并允许背书转让。商业汇票到期后，一律通过银行办理转账结算，银行不支付现金。

（二）商业汇票及相关凭证

商业汇票按承兑人的不同，分为商业承兑汇票和银行承兑汇票两种。

1 商业承兑汇票

商业承兑汇票，是指由收款人签发，经付款人承兑，或者由付款人签发并承兑的一种商业汇票。商业承兑汇票一式三联：第一联是卡片联（见图4-55），出票人签章后由承兑人留存。

商业承兑汇票（卡片）							1

AX 0000123

出票日期（大写）　　　年　　月　　日

收款人	全　称		付款人	全　称	
	账　号			账　号	
	开户银行			开户银行	

出票金额（大写）	人民币（大写）		亿 千 百 十 万 千 百 十 元 角 分

汇票到期日（大写）		付款人开户行	行号	.
交易合同号码			住址	

备注

出票人签章

此联承兑人留存

图4-55　商业承兑汇票卡片联

第二联汇票正联,有正、背两面(见图4－56和图4－57),汇票正联是银行之间的传递凭证。

商业承兑汇票　　　2　　　AX 0000123

| 出票日期(大写) | 年 月 日 |

图4－56　商业承兑汇票卡正联(正面)

图4－57　商业承兑汇票卡正联(背面)

签发商业承兑汇票时的注意事项:

一、付款人须在汇票到期日前将票款足额交存开户银行,如账户存款余额不足时,银行比照空头支票处以罚款。

二、本汇票经背书可以转让。

第三联存根联(见图4－58),由出票人留存备查。

商 业 承 兑 汇 票 （存根）　　3

AX 0000123

出票日期（大写）　　　　　年　　月　　日

收款人	全 称		付款人	全 称													
	账 号			账 号													
	开户银行			开户银行													

出票金额（大写）	人民币（大写）			亿	千	百	十	万	千	百	十	元	角	分
汇票到期日（大写）		付款人开户行	行号											
交易合同号码			住址											

备注：

出票人签章

此联承兑人留存

图 4-58　商业承兑汇票存根联

2　银行承兑汇票

银行承兑汇票，是指由收款人或承兑申请人签发，并由承兑申请人向开户银行申请，经银行审查同意承兑的汇票。银行承兑汇票一式三联：第一联为卡片联（见图4-59），由承兑银行留存备查。

银行承兑汇票（卡片） 1

B12347901

出票日期　（大写）　　年　　月　　日

收款人	全　称		付款人	全　称	
	账　号			账　号	
	开户银行			开户银行	

出票金额（大写）	人民币（大写）		亿	千	百	十	万	千	百	十	元	角	分

| 汇票到期日（大写） | | 付款行 | 行号 | |
| 承兑协议编号 | | | 住址 | |

本汇票请你行承兑，此项汇票款我单位按承兑协议到期前足额交存你行，到期请予支付

密押

出票人签章　备注：　　　复核　　记账

此联承兑行留存备查 到期支付票款时作借方凭证附件

图4-59　银行承兑汇票卡片联

第二联为汇票正联、有正、背两面（见图4-60和图4-61），此联是银行之间的传递凭证。

银行承兑汇票 2

B12347901

出票日期　（大写）　　年　　月　　日

收款人	全　称		付款人	全　称	
	账　号			账　号	
	开户银行			开户银行	

出票金额（大写）	人民币（大写）		亿	千	百	十	万	千	百	十	元	角	分

| 汇票到期日（大写） | | 付款行 | 行号 | |
| 承兑协议编号 | | | 住址 | |

本汇票请你承兑，到期无条件付款　　本汇票已经承兑，到期日由本行付款　　密押

出票人签章　备注：　　　复核　　记账

此联持票人开户银行随托收凭证寄付款人开户银行作借方凭证附件

图4-60　银行承兑汇票正联（正面）

141

被背书人		被背书人		粘贴单处
背书人签章 年　月　日		背书人签章 年　月　日		

图 4-61　银行承兑汇票正联(背面)

第三联为存根联(见图 4-62),由出票人留存备查。

银 行 承 兑 汇 票　　　3

B12347901

出票日期

(大写)　　　　年　　　月　　　日

收款人	全　称		付款人	全　称									
	账　号			账　号									
	开户银行			开户银行									

| 出票金额 (大写) | 人民币 (大写) | | | | 亿 | 千 | 百 | 十 | 万 | 千 | 百 | 十 | 元 | 角 | 分 |

汇票到期日 (大写)			付款行	行号	
承兑协议 编号				住址	

			密押	
			复核　　　记账	
	备注:			

此联由出票人存查

图 4-62　银行承兑汇票存根联

3　银行承兑协议

　　银行承兑汇票的出票人或持票人向银行提示承兑时,银行的信贷部门负责按有关规定和审批程序,对出票人的资格、资信、购销合同和汇票记载的内容进行认真审查,必要时可由出票人提供担保。符合规定和承兑条件的,与出票人签订承兑协议。

银行承兑协议一式三联(见图4-63)。第一联由出票人留存;第二联、第三联(副本)和汇票的第一、二联一并交银行会计部门。

银行承兑协议

编号:

银行承兑汇票的内容:

出票人全称:	收款人全称:
开户银行:	开户银行:
账号:	账号:
汇票号码:	汇票金额(大写):
出票日期:　　年　月　日	到期日期:　　年　月　日

以上汇票经承兑银行承兑,出票人愿意遵守《支付结算办法》的规定及下列条款:

一、出票人于汇票到期日前将应付票款足额交存承兑银行。

二、承兑手续费按票面金额0.05%计算,在银行承兑时一次付清。

三、出票人与持票人如发生任何交易纠纷,均由收付双方自行处理,票款于到期前仍按第一条办理不误。

四、承兑汇票到期日,承兑银行凭票无条件支付票款。如到期日之前出票人不能足额交付票款时,承兑银行对不足支付部分的票款转作出票申请人逾期贷款,并按照有关规定计收罚息。

五、汇票款付清后,本协议自动失效。

承兑银行签章:　　　　　　　　　　　出票人签章:

付款行号:

付款行地址:

承兑协议时间:　　年　月　日

图4-63　银行承兑协议模板

4　贴现凭证

持票人持未到期的商业汇票向银行申请贴现时,应当根据汇票填制贴现凭证。贴现凭证一式五联:第一联(见图4-64),既作银行的贴现凭证,又代申请书。

贴 现 凭 证（代申请书）　　　　1

申请日期　　年　月　日　　　　　　　　第　　号

贴现汇票	种类		号码			持票人	名称											
	出票日		年　月　日				账号											
	到票日		年　月　日				开户银行											

汇票承兑人	名称			账号		开户银行		

汇票金额	人民币（大写）						千	百	十	万	千	百	十	元	角	分

贴现率	％	贴现利息	千	百	十	万	千	百	十	元	角	分	支付贴现金额	千	百	十	万	千	百	十	元	角	分

附送承兑汇票早请贴现，请审核　　　　　　　银行审批　　　　　　科目（借）＿＿＿＿＿＿

对方科目（贷）＿＿＿＿＿

持票人签章　　　　　　责任人　借贷员　　　　　　复核　　　记账

（此联银行作贴现贷方凭证）

图4-64　贴现凭证第一联

第二联（见图4-65），银行作出票人账户贷方凭证。

贴 现 凭 证（贷方凭证）　　　　2

申请日期　　年　月　日　　　　　　　　第　　号

贴现汇票	种类		号码			持票人	名称											
	出票日		年　月　日				账号											
	到票日		年　月　日				开户银行											

汇票承兑人	名称			账号		开户银行		

汇票金额	人民币（大写）						千	百	十	万	千	百	十	元	角	分

贴现率	％	贴现利息	千	百	十	万	千	百	十	元	角	分	支付贴现金额	千	百	十	万	千	百	十	元	角	分

备注：　　　　　　　　　　　　　　　　　　科目（借）＿＿＿＿＿＿

对方科目（贷）＿＿＿＿＿

复核　　　记账

（此联银行作持票人账户贷方凭证）

图4-65　贴现凭证第二联

第三联（见图4-66），银行作贴现利息贷方凭证。

贴 现 凭 证（贷方凭证）　　　3

申请日期　　年　月　日　　　　　　　　第　号

贴现汇票	种类		号码		持票人	名称	
	出票日		年　月　日			账号	
	到票日		年　月　日			开户银行	

| 汇票承兑人 | 名称 | | 账号 | | 开户银行 | |

				千	百	十	万	千	百	十	元	角	分
汇票金额	人民币（大写）												

| 贴现率 | % | 贴现利息 | 千 百 十 万 千 百 十 元 角 分 | 支付贴现金额 | 千 百 十 万 千 百 十 元 角 分 |

备注：

科目（借）＿＿＿＿＿＿＿＿

对方科目（贷）＿＿＿＿＿＿＿＿

复核　　　记账

此联银行作贴现利息贷方凭证

图 4－66　贴现凭证第三联

第四联（见图4－67），是银行给持票人的收账通知。

贴 现 凭 证（贷方凭证）　　　4

申请日期　　年　月　日　　　　　　　　第　号

贴现汇票	种类		号码		持票人	名称	
	出票日		年　月　日			账号	
	到票日		年　月　日			开户银行	

| 汇票承兑人 | 名称 | | 账号 | | 开户银行 | |

				千	百	十	万	千	百	十	元	角	分
汇票金额	人民币（大写）												

| 贴现率 | % | 贴现利息 | 千 百 十 万 千 百 十 元 角 分 | 支付贴现金额 | 千 百 十 万 千 百 十 元 角 分 |

贴现款已入你单位账户：

银行签章

年　月　日

备注：

此联银行给持票人的收账通知

图 4－67　贴现凭证第四联

第五联（见图4－68）由银行会计部门按到期日排列保管，到期日作贴现贷方凭证。

贴 现 凭 证 （贷方凭证） 5

申请日期　年　月　日　　　　　　　　　　　第　号

图 4-68　贴现凭证第五联

（三）商业汇票结算规定

（1）在银行开立存款账户的法人及其他组织之间，只有具备真实的交易关系或债权债务关系，才能使用商业汇票。

（2）签发商业汇票必须记载下列事项：①表明"商业承兑汇票"或"银行承兑汇票"的字样；②无条件支付的委托；③确定的金额；④付款人名称；⑤收款人名称；⑥出票日期；⑦出票人签章。

欠缺记载上述事项之一的，商业汇票无效。

（3）商业汇票可以在出票时向付款人提示承兑后使用，也可以在出票后先使用再向付款人提示承兑。定日付款或者出票后定期付款的商业汇票持票人应当在汇票到期日前向付款人提示承兑。见票后定期付款的汇票，持票人应当自出票日起 1 个月内向付款人提示承兑。付款人接到提示承兑的汇票时，应当在自收到提示承兑的汇票之日起 3 日内承兑或者拒绝承兑（拒绝承兑必须出具拒绝承兑的证明）。

（4）商业汇票的付款期限，最长不得超过 6 个月（按到期月的对日计算，无对日的，月末日为到期日，遇法定休假日顺延）。①定日付款的汇票付款期限自出票日起计算，并在汇票上记载具体的到期日；②出票后定期付款的汇票付款期限自出票日起按月计算，并在汇票上记载；③见票后定期付款的汇票付款期限自承兑或拒绝承兑日起按月计算，并在汇票上记载。

（5）商业汇票的提示付款期限，自汇票到期日起 10 日。

（6）符合条件的商业汇票的持票人可持未到期的商业汇票向银行申请贴现。

（四）商业汇票办理实务

1 银行承兑汇票的办理

（1）签订交易合同。

（2）付款人签发银行承兑汇票。

（3）申请汇票承兑。

（4）银行受理并承兑汇票。

①银行按照有关政策规定对承兑申请进行审查，经过审查同意后，银行与付款人签订承兑协议。

②银行予以承兑。银行在银行承兑汇票上注明"承兑"字样和协议书编号，在第二联承兑行签章处盖汇票专用章，用压数机压印汇票金额后，将银行承兑汇票和解讫通知联交承兑申请人转交收款人。

（5）支付手续费。

付款单位出纳人员按规定向银行支付手续费时，应登记银行存款日记账或由会计填制银行存款付款凭证，其会计分录为：

借：财务费用

　　贷：银行存款

（6）交付银行承兑汇票。

（7）交存票款。

（8）收款人在银行承兑汇票到期时收款。

①收款单位出纳人员在汇票到期时，办理收款手续应填制进账单，并在银行承兑汇票第二联、第三联背面加盖预留银行的印鉴，将汇票和进账单一并送交其开户银行，办理收取票款的手续。

②开户银行按照规定对银行承兑汇票进行审查，审查无误后将进账单第三联（收账通知联）加盖"转讫"章交收款单位作为收款通知，按规定办理汇票收款业务。收款单位出纳人员根据银行退回的进账单第三联登记银行存款日记账，会计人员据此编制银行存款收款凭证：

借：银行存款

　　贷：应收票据

同时在应收票据备查簿上登记承兑的日期和金额情况，并在注销栏内予以注销。

（9）承兑银行在汇票到期日按照规定办理银行承兑汇票票款划拨收款人，并向付款单位发出付款通知，付款单位收到银行支付到期汇票的付款通知，出纳人员登记银行存款日记账，会计人员编制银行存款付款凭证：

借：应付票据

　　贷：银行存款

同时在应付票据备查簿上登记到期付款的日期和金额,并在注销栏内予以注销。

(10)银行承兑汇票遗失及注销。持票单位遗失银行承兑汇票,应及时向承兑银行办理挂失注销手续,待汇票到期日满一个月再办理如下手续:

①付款单位遗失的,应备函说明遗失原因,并附第四联银行承兑汇票送交银行申请注销,银行受理后,在汇票第四联注明"遗失注销"字样并盖章后即可注销;

②收款单位遗失的,由收款单位与付款单位协商解决,汇票到期满一个月后,付款单位确未支付票款时,付款单位可代收款单位办理遗失手续,手续与付款单位遗失的手续相同。

2 商业承兑汇票的办理

商业承兑汇票的办理除以下几点外,其余手续和银行承兑汇票基本相同:

(1)付款人签发汇票。付款人按照商品购销合同签发商业承兑汇票,在汇票第二联正面签署"承兑"字样并加盖预留银行的印鉴后,交给收款人。

(2)收款人收到商业承兑汇票后,经审核无误,按合同发运商品。

(3)收款人应在汇票将要到期时,提前将汇票和委托收款凭证交开户行办理收款手续。

委托银行收款时,应填写一式五联的委托收款凭证,在委托收款凭证名称栏内注明"商业承兑汇票"字样,在商业承兑汇票第二联背面加盖收款单位公章后,一并送交开户银行。开户银行审查后办理有关收款手续,并将盖章后的委托收款凭证第一联受理回单退回给收款单位保存。

(4)收款人开户行将收到的凭证寄交付款人开户行,委托代其收款。

(5)付款人应当在汇票到期日之前,将票款足额交存银行,以备到期支付。

(6)付款人开户行收到收款人开户行转来的有关凭证后,于汇票到期日将票款从付款人账户划转到收款人开户行,并向付款人发出付款通知。付款人收到付款通知后,出纳人员据此登记银行存款日记账,会计人员编制银行存款付款凭证:

借:应付票据——商业承兑汇票

　　贷:银行存款

(7)收款人开户行收到票款后,在委托收款凭证的收款通知联加盖"转讫"章后交给收款人,通知款项已收妥。收款单位的出纳人员根据通知联登记银行存款日记账,会计人员编制银行存款收款凭证:

借:银行存款

　　贷:应收票据——商业承兑汇票

(8)付款人到期无力兑现的处理。

商业承兑汇票到期,付款单位存款账户无款支付或不足以支付时,付款单位开户银行将按规定,按照商业承兑汇票票面金额的5%收取罚金,不足50元的按50元收取,并通知付款单位送回委托收款凭证及所附商业承兑汇票。付款单位应在接到通知的次日起2天内将委托收款凭证第五联及商业承兑汇票第二联退回开户银行。付款单位开户银行收到付款单位退回的委托收款凭证和商业承兑汇票后,应在其收存的委托收款凭证第三联和第四联"转账原因"栏内注明"无款支付"字样并加盖银行业务公章后,一并退回收款单位开户银行转交给收款单位,再由收款单位和付款单位自行协商票款的清偿问题。

(9)商业承兑汇票遗失及注销。商业承兑汇票遗失或未使用办理注销,无须向银行办理注销手续,而由收付款单位双方自行联系处理。

3 办理商业汇票的贴现

贴现是指汇票持有人将未到期的商业汇票交给银行,银行按照票面金额扣收自贴现日至汇票到期日期间的利息,将票面金额扣除贴现利息后的净额交给汇票持有人。商业汇票持有人在资金暂时不足的情况下,可以凭承兑的商业汇票向银行办理贴现,以提前取得货款。商业汇票持有人应按下列步骤办理汇票贴现:

(1)申请贴现。汇票持有人向银行申请贴现,应填制一式五联的贴现凭证。汇票持有单位(即贴现单位)的出纳人员应根据汇票的内容,逐项填写贴现凭证的相关内容,如贴现申请人的名称、账号、开户银行,贴现汇票的种类、发票日、到期日和汇票号码,汇票承兑人的名称、账号和开户银行,汇票金额的大、小写,等等。其中,贴现申请人即汇票持有单位本身;贴现汇票种类指银行承兑汇票或商业承兑汇票;银行承兑汇票的汇票承兑人为承兑银行即付款单位开户银行,商业承兑汇票的汇票承兑人为付款单位自身;汇票金额(即贴现金额)指汇票本身的票面金额。填完贴现凭证后,在第一联贴现凭证申请人盖章处和商业汇票第二联、第三联背后加盖预留银行印鉴,然后一并送交开户银行信贷部门。

开户银行信贷部门按照有关规定对汇票及贴现凭证进行审查,重点是审查申请人持有汇票是否合法、是否在本行开户、汇票联数是否完整、背书是否连续、贴现凭证的填写是否正确、汇票是否在有效期内、承兑银行是否已通知不应贴现及是否超过本行信贷规模和资金承受能力等等。审查无误后,在贴现凭证"银行审批"栏内签注"同意"字样,并加盖有关人员印章后送银行会计部门。

(2)办理贴现。银行会计部门对银行信贷部门审查的内容进行复核,并审查汇票盖印及压印金额是否真实有效。审查无误后,即按规定计算并在贴现凭证上填写贴现率、贴现利息和实付贴现金额。其中,贴现率是国家规定的月贴现率;贴现利息是指汇票持有人向银行申请贴现面额付给银行的贴现利息;实付贴现金额是指汇票金额(即贴现金额)减去应付贴现利息后的净额,即汇票持有人办理贴现后实际得到的款项金额。按照规定,贴现利息应根据贴现金额、贴现天数(自银行向贴现单位支付贴现票款日起至汇票到期日前一天止的天数)和贴现率计算求得。用公式表示为:

$$贴现利息 = 贴现金额 \times 贴现天数 \times 日贴现率$$
$$日贴现率 = 月贴现率 \div 30$$

贴现单位实得贴现金额则等于贴现金额减去应付贴现利息,用公式表示为:

$$实付贴现金额 = 贴现金额 - 应付贴现利息$$

银行会计部门填写完贴现率、贴现利息和实付贴现金额后,将贴现凭证第四联加盖"转讫"章后交给贴现单位作为收账通知,同时将实付贴现金额转入贴现单位账户。贴现单位出纳人员根据开户银行转回的贴现凭证第四联,按实付贴现金额登记银行存款日记账;会计人员编制银行存款收款凭证:

借:银行存款

　　贷:应付票据

同时按贴现利息作转账凭证,其会计分录为:

借:财务费用

　　贷:应付票据

并在应收票据登记簿上登记有关贴现情况。

例:北京圆通公司向北京恒通公司销售产品,取得北京恒通公司签发并承兑的商业承兑汇票一张,票面金额为 1 000 000 元,签发承兑日期为 6 月 8 日,付款期为 6 个月。7 月 8 日,光华公司因急需用款,持该汇票到银行申请贴现,经银行同意后办理贴现。假定银行月贴现率为 0.6%,贴现天数为 5 个月。

贴现利息 = 1 000 000 × 5 × 0.6% = 30 000(元)

实付贴现金额 = 1 000 000 - 30 000 = 970 000(元)

北京圆通公司出纳人员应根据银行转回的贴现凭证第四联登记银行存款日记账,或由会计人员编制银行存款收款凭证,其会计分录为:

借:银行存款 970 000

　　贷:应收票据 970 000

同时编制转账凭证,其会计分录为:

借:财务费用 30 000

　　贷:应收票据 30 000

(3)票据到期。汇票到期,由贴现银行通过付款单位开户银行向付款单位办理清算,收回票款。

三、任务实施

(1)出纳林阳按照购销合同注明使用银行承兑汇票的要求,向开户行提出申请银行承兑汇票,提交开具银行承兑汇票的有关申请资料,主要包括购销双方增值税专用发票、购销合同及复印件等。

(2)银行审核资料无误后,出纳林阳按照银行要求,开具转账支票(见图 4-69),然后填写进账单(见图4-70),将保证金存入银行指定账户(注:无论是转账支票还是进账单,出票人和收款人都是企业自己,差别在于填写进账单时,收款人账号为银行指定的账号)。

图4-69 开具转账支票

中国银行 进账单(回单)			1										
2018年02月20日													

收款人	全 称	北京市鸿途有限责任公司	收款人	全 称	北京市鸿途有限责任公司								
	账 号	546327890168		账 号	546327890168								
	开户银行	中国银行北京市海淀支行		开户银行	中国银行北京市海淀支行								
金额	人民币(大写)	贰万叁仟肆佰元整			千	百	十	万	千	百	十	元	角	分
							￥	2	3	4	0	0	0	0
票据种类	转账支票	票据张数	1										
票据号码	XIV00000230												
复核 记账			收款人开户银行签单										

图4-70 填写进账单

(3)银行按照相关规定对出票人的资格、发票日期是否在合同后、合同金额、公司名称、保证金是否到账、购销合同等内容进行认真审查。

(4)银行审查无误后,出票人和银行签订银行承兑协议(见图4-71),按照协议要求收取0.05%的手续费。

银行承兑协议

编号：

银行承兑汇票的内容：

出票人全称：北京市鸿途有限责任公司　　　　收款人全称：北京市鑫达贸易有限责任公司

开户银行：中国银行北京市海淀支行　　　　开户银行：中国银行北京市怀柔支行

账号：546327890168　　　　　　　　　　账号：47890396522

汇票号码：B12347901　　　　　　　　　汇票金额(大写)：贰万叁仟肆佰元整

出票日期：2018 年 02 月 20 日　　　　到期日期：2018 年 08 月 20 日

以上汇票经银行承兑，出票人愿意遵守《支付结算办法》的规定及下列条款：

一、出票人于汇票到期日前将应付票款足额交存承兑银行。

二、承兑手续费按票面金额 0.05% 计算，在银行承兑时一次付清。

三、出票人与持票人如发生任何交易纠纷，均由其双方自行处理，票款于到期前仍按第一条办理不误。

四、承兑汇票到期日，承兑银行凭票无条件支付票款。如到期日之前出票人不能足额交付票款时，承兑银行对不足支付部分的票款转作出票申请人逾期贷款，并按照有关规定计收罚息。

五、汇票款付清后，本协议自动失效。

承兑银行签章：　　　　　　　　　　出票人签章：

付款行号：302331002622

付款行地址：中国银行北京市海淀支行

承兑协议时间：2018 年 02 月 20 日

图 4 - 71　签订银行承兑协议

(5)银行承兑汇票相关手续办完后，银行签发银行承兑汇票(一式三联)(见图 4 - 72、图 4 - 73 和图 4 - 74)，公司印鉴管理人员在银行承兑汇票第一、二联的出票人签章处盖章。

(6)出纳林阳将填写完整并加盖公司签章的银行承兑汇票交还银行，银行在银行承兑汇票的第二联承兑行签章处盖章，表示承兑。

(7)银行将承兑后的银行承兑汇票第一联留存，将第二、三联退给出纳林阳。

(8)出纳林阳将银行承兑汇票第二联复印两份，然后将银行承兑汇票第二联交付采购人员，同时登记应付票据登记簿。

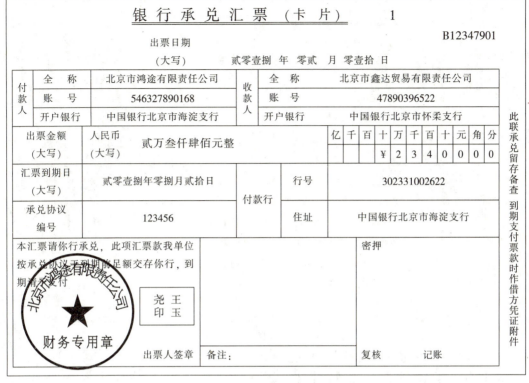

图 4-72 签发银行承兑汇票卡片联

图 4-73 签发银行承兑汇票正联

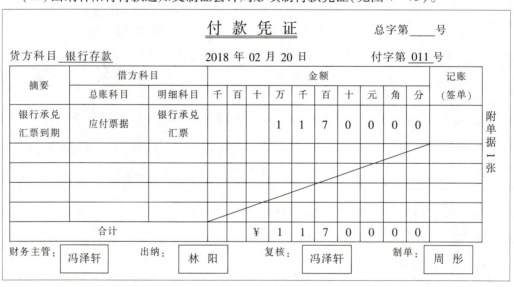

图 4-74 签发银行承兑汇票根联

（9）出纳林阳在银行承兑汇票到期前，将足额的货款存入付款账户。

（10）银行承兑汇票到期，出纳林阳收到承兑行（即公司开户行）的付款通知（即委托收款凭证第五联）。

（11）出纳林阳审核付款通知与银行承兑汇票的金额、日期等信息，审核无误后，银行将款项划转给收款人。

（12）出纳林阳将付款通知交制证会计周彤填制付款凭证（见图 4-75）。

付 款 凭 证

货方科目 银行存款　　　　　2018 年 02 月 20 日　　　　付字第 011 号　　总字第＿＿号

摘要	借方科目		金额									记账
	总账科目	明细科目	千	百	十	万	千	百	十	元	角	分	（签单）
银行承兑汇票到期	应付票据	银行承兑汇票			1	1	7	0	0	0	0	0	
合计				¥	1	1	7	0	0	0	0	0	

财务主管 冯泽轩　　　出纳 林阳　　　复核 冯泽轩　　　制单 周彤

附单据一张

图 4-75 填制付款凭证

（13）出纳林阳依据审核无误的付款凭证，登记银行存款日记账（略）。

任务六 信用卡结算业务

一、布置任务

2018 年 3 月 5 日,北京市鸿途有限责任公司为本单位申领工商银行的信用卡一张,用银行存款存入 100 000 元,另交年费 300 元。根据此项业务,要求出纳林阳根据审核无误的记账凭证登记日记账。

二、相关知识

(一)信用卡分类和适用范围

1 信用卡的分类

(1)按发卡机构不同,可分为银行卡和非银行卡。

银行卡是指银行所发行的信用卡,持卡人可在发卡银行的特约商户购物消费,也可以在发卡行所有的分支机构或设有自动柜员机的地方随时提取现金。

非银行卡又可分成零售信用卡和旅游娱乐卡。零售信用卡是商业机构(如百货公司、石油公司等)所发行的信用卡,专用于在指定商店购物或在加油站加油等,并定期结账。旅游娱乐卡是服务业(如航空公司、旅游公司等)所发行的信用卡,用于购票、用餐、住宿、娱乐等。

(2)按发卡对象的不同,可分为公司卡和个人卡。

公司卡的发行对象为各类工商企业、科研教育等事业单位、国家党政机关、部队、团体等法人组织。

个人卡的发行对象则为城乡居民个人,包括工人、干部、教师、科技工作者、个体经营户以及其他成年的、有稳定收入来源的城乡居民。个人卡以个人的名义申领,并由个人承担用卡的一切责任。

(3)根据持卡人的信誉、地位等资信情况的不同,可分为普通卡和金卡。

普通卡是对经济实力和信誉、地位一般的持卡人发行的,对其各种要求并不高。

金卡是一种缴纳高额会费、享受特别待遇的高级信用卡。发卡对象为信用度较高、偿还能力及信用较强或有一定社会地位者。金卡的授权限额起点较高,附加服务项目及范围也宽得多,因而对有关服务费用和担保金的要求也比较高。

(4)根据清偿方式的不同,可分为贷记卡和准贷记卡。

贷记卡是发卡银行提供银行信用款时,先行透支使用,然后再还款或分期付款,也就是说允许持卡人在信用卡账户上无存款,其清偿的方式为"先消费,后存款"。国际上流通使用的大部分都是这类卡。

准贷记卡是银行发行的一种先存款后消费的信用卡。持卡人在申领信用卡时,需要事先在发卡银行存有一定的款项以备用,持卡人在用卡时需以存款余额为依据,一般不允许透支。目前我国各银行发行的信用卡基本上属于准贷记卡,但是允许持卡人进行消费用途的善意、短期、小额的透支,根据不同的卡种,规定不同的限额,并在规定的期限内还款,同时支付利息。因此,准贷记卡实质上是具有一定透支功能的借记卡。

(5)根据信用卡流通范围的不同,可分为国际卡和地区卡。

国际卡是一种可以在发行国之外使用的信用卡,全球通用。境外五大集团(万事达卡组织、维萨国际组织、美国运通公司、JCB 信用卡公司和大莱信用卡公司)分别发行的万事达卡(Master Card)、维萨卡(VISA card)、运通卡(American Express Card)、JCB 卡(JCB Card)和大莱卡(Diners Club Card)多数属于国际卡。

地区卡是一种只能在发行国国内或一定区域内使用的信用卡。我国商业银行所发行的各类信用卡大多数属于地区卡。

2 信用卡的适用范围

凡在中国境内金融机构(经中国人民银行批准发卡机构)开立基本存款账户的单位,可以申请单位卡。单位卡可申请若干张,持卡人资格由申请单位法定代表人或者委托的代理人书面指定或注销。

(二)信用卡结算

1 信用卡结算的概念

信用卡是一种由银行或专营机构签发,可在约定银行或部门存取现金、购买商品及支付劳务报酬的信用凭证。持卡人可在同城和异地凭卡支取现金、转账结算和消费信用等。其形式是一张正面印有发卡银行名称、有效期、号码、持卡人姓名等内容,背面有芯片、磁条、签名条的卡片。

2 信用卡结算的基本规定

(1)单位申请信用卡,应按规定填写申请表,经发卡银行批准,持支票和银行进账单及手续费按要求交存一定金额的备用金后,银行为申请单位开通信用卡账户,并发给信用卡。

(2)单位信用卡的资金一律从基本账户存入,不得缴存现金和销货收入款项。

(3)信用卡只能用于 10 万元以下的商品交易、劳务供应的款项结算,且不得支取现金。

(4)透支额度的规定。银行为了控制风险,对单位信用卡的使用做了严格的规定。规定如下:

①单位卡的单笔透支发生额不得超过 5 万元(含等值外币)。

②单位卡同一账户的月透支余额不得超过发卡银行对该单位综合授信额度的 3%。无综合授信额度可参照的单位,月透支余额不得超过 10 万元(含等值外币)。

③准贷记卡的透支期限最长为 60 天。贷记卡的首月最低还款额不得低于其当月透支余额的 10%。

(5)信用卡仅限于合法持卡人本人使用,不得出租或转借。

(6)信用卡的销户。持卡人不需要继续使用信用卡的,在还清透支本息后,在下列情况下,可以办理销户手续:

①信用卡有效期满 45 天后,持卡人不更换新卡的。

②信用卡挂失满 45 天后,没有附属卡且不更换新卡的。

③信用卡被列入止付名单,发卡银行已收回其信用卡 45 天的。

④持卡人要求销户或者担保人撤销担保,并已交回全部银行卡 45 天的。

⑤信用卡账户两年以上(含两年)未发生交易的。

⑥持卡人违反其他规定,发卡银行认为应该取消其资格的。

发卡银行办理销户时,应当收回信用卡,有效信用卡无法收回的,应当将其止付。

(三)信用卡结算流程

持卡人持信用卡消费时,应按以下流程进行:

1 持卡人将信用卡和身份证一并交特约单位

如果信用卡属智能卡、照片卡,可免验身份证件。特约单位不得拒绝受理持卡人合法持有的、签约银行发行的有效信用卡,不得因持卡人使用信用卡而向其收取附加费用。

2 特约单位应审查信用卡

特约单位受理信用卡结算业务时,应确定下列事项:

(1)信用卡确为本单位受理的信用卡。

(2)信用卡在有效期内,未列入止付名单,没有非正常签名的字样。

(3)签名条上没有"样卡"或"专用卡"等字样。

(4)信用卡无打孔、剪角等毁坏或涂改的痕迹。

(5)持卡人身份证件或卡片的照片与持卡人相符;使用智能卡、照片卡或持卡人凭密码在销售终端上消费、购物的,可免验身份证件。

(6)卡片正面的拼音姓名与卡片背面的签名、身份证件上的姓名一致。

3 办理结算手续

特约单位受理信用卡结算业务时,经审查无误后,在签购单上压卡,填写实际结算金额、用途、持卡人身份证件号码、特约单位名称和编号。如超过支付限额的,应向发卡银行索取并填写授权号码,交持卡人签名确认,同时核对其签名与卡片背面签名是否一致。经审查无误后,同意按经办人填写的金额和用途付款的,由持卡人在签购单上签名确认,特约单位将信用卡、身份证件和第一联签购单交给持卡人。特约单位在每日营业终了时,应将当日受理的信用卡签购单汇总,计算手续费和净计金额,并填写汇计单和进账单,连同签购单一并送交收单银行办理进账。收单银行接到特约单位送交的各种单据,经审查无误后,为特约单位办理进账。

三、任务实施

(1)会计人员根据转账支票存根、银行盖章退回的进账单和业务收费凭证编制记账凭证。

(2)出纳人员根据审核无误的记账凭证登记日记账。

任务七　互联网时代银行结算方式

一、布置任务

2018 年 1 月 26 日,出纳林阳需办理以下几笔业务:

(1)经有关领导批准,销售科业务员李强申请用中国工商银行网银支付北京电视台广告费 10 000 元。

(2)经有关领导批准,技术科业务员申请用中国工商银行网银支付设备安装费 20 000 元。

(3)经有关领导批准,办公室主任申请用中国工商银行网银支付咨询费 30 000 元。

如果你是出纳林阳,该怎样办理以上业务?

二、相关知识

网上银行又称"网络银行""在线银行",是指金融机构利用互联网技术,通过建立自己的互联网站点和主页,向客户提供开户、销户、查询、转账、网上证券、投资理财等服务项目的银行机构或虚拟网站。这是一种全新的银行客户服务手段,使得客户可以不受时间、空间的限制,只要能够上网,无论是在家里、办公室,还是在旅途中,都能够安全便捷地管理自己的资产和享受银行的服务。网上银行分为个人网上银行和企业网上银行两种。

(1)个人网上银行。具有余额查询、明细查询、转账、网上支付、银行卡无证书支付、证券保证金自动转账、网上外汇买卖等特色功能,为个人客户提供多元化、全方位的理财服务。

(2)企业网上银行。企业网上银行以遍布全国的城市综合金融网络为基础,以实时到账的资金清算、全国大中城市联网的银行卡系统为依托,集成多项高科技的信息技术和网络技术,不仅可为企业客户提供各种查询服务,还可以提供企业集团内部和企业之间的同城、异地、本行、他行的转账、在线支付等结算业务。

实行网上结算,企业首先需向银行申请并按银行的有关规定提供资料,经银行审核开通后才能进行。不同的银行,其网上银行业务办理的规定不同。

通过网上银行办理网上汇款,可以逐笔支付、批量支付、逐笔跨行支付、批量跨行支付,其办理流程如图 4–76 所示。

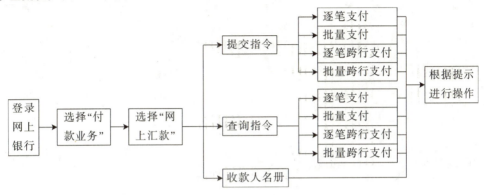

图 4–76　网上汇款流程

三、任务实施

中国工商银行网上银行汇款中逐笔支付业务的办理流程如下:

(1)登录网上银行,点击【企业网上银行登录】(见图 4–77)。

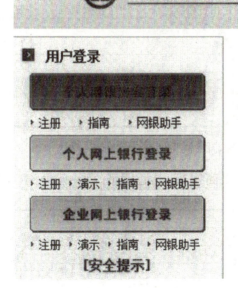

图 4–77　登录工行网上银行

（2）网上办理汇款。登录工商银行企业网上银行后，点击交易区上方的一级菜单"付款业务"，交易区左方便显示"付款业务"的子菜单；在子菜单上依次展开"网上汇款—提交指令—逐笔支付"子菜单，交易区进入"逐笔支付"界面（见图4−78）。

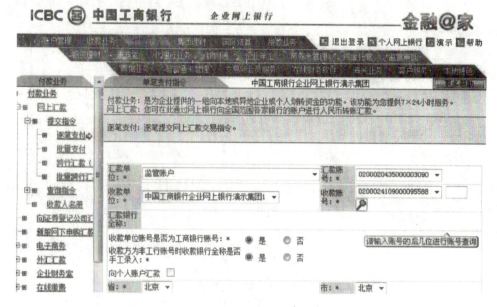

图4−78　进入"逐笔支付"界面

（3）在"逐笔支付"的界面上填写各项详细资料（见图4−79），包括汇款单位名称及账号、汇款银行全称、收款单位名称及账号，确定收款单位账号是否为工商银行、收款方为非工商银行账号时收款银行全称是否为手工录入，填写大小写金额、汇款方式（加急或普通）、汇款用途等。填完后，选择是否向相关人员发送信息，点击【确定】按钮。

图4−79　填写相关资料

（4）根据界面显示（见图4-80）对所输入的信息进行核对。

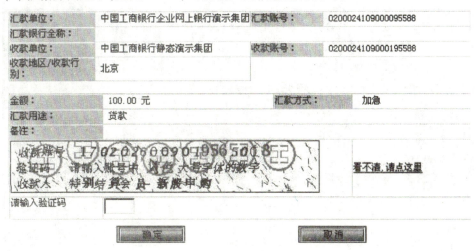

图4-80　核对所填信息

（5）核对无误后输入验证码，并点击【确定】按钮，弹出签名证书选择对话框，在列表中选择证书，点击【确定】按钮（见图4-81）。

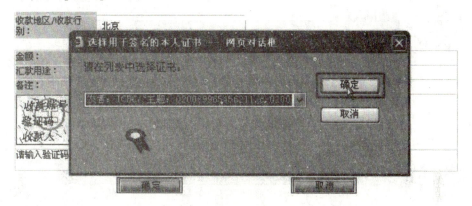

图4-81　确定签名证书

（6）弹出 SafeSign Login 对话框，输入密码，点击【确定】按钮（见图4-82）。

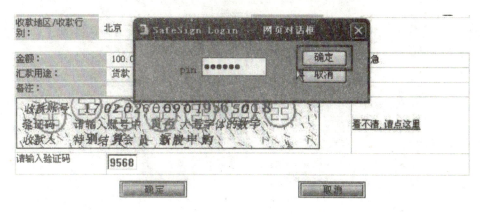

图4-82　确定 SafeSign Login 对话框

(7)弹出签名信息确认对话框,确认无误后点击【确定】按钮(见图4-83)。

图4-83　确定签名信息

(8)付款指令已成功提交,如果还需要进行其他操作,可点击【返回】按钮(见图4-84)。如果付款指令的付款金额超过支付权限,应提交有权授权人批复。

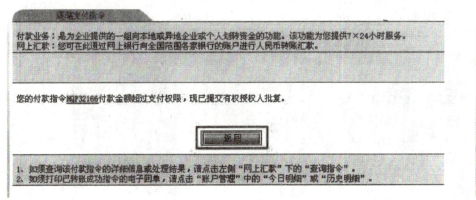

图4-84　提交有权授权人批复

任务八　银行存款清查业务

一、布置任务

2018 年 3 月 31 日,出纳林阳登记完银行存款日记账最后一笔款后,收到开户行送来的一份对账单。基本情况如表 4-4 和表 4-5 所示。

表 4-4　银行存款日记账

2018 年		凭证号数	对方科目	摘要	收入(借方)金额	付出(贷方)金额	结余金额
月	日						
3	25	略	略	承前页	113 457.00	181 417.00	498 240.00
	25	略	略	收到销货款(银行汇票)	67 860.00		566 100.00
	26	略	略	支付材料款(转支#45223)		86 112.00	479 988.00
	26	略	略	收到销货款(转支#98127)	104 832.00		584 820.00
	26	略	略	汇出购货款(信汇)		93 600.00	491 220.00
	28	略	略	收到销货款(托收承付)	70 200.00		561 420.00
	28	略	略	支付设备款(转支#45224)		163 800.00	397 620.00
	29	略	略	收到销货款(转支#8464)	121 680.00		519 300.00
	30	略	略	支付材料运杂费(委托收款)		9 860.00	509 440.00
	31	略	略	支付材料款(转支#45225)		114 660.00	394 780.00

表 4-5　银行对账单

2018 年		摘要	借方	贷方	借或贷	结余金额
月	日					
3	25	承前页			贷	498 240.00
	26	银行汇票(收到销货款)		67 860.00	贷	566 100.00
	26	托收承付(收到销货款)	93 600.00	70 200.00	贷	636 300.00
	26	信汇(汇出购货款)			贷	542 700.00
	27	转支#98127(收到销货款)	9 860.00	104 832.00	贷	647 532.00
	28	委托收款(支付材料运杂费)			贷	637 672.00
	29	托收承付(收到销货款)	163 800.00	55 760.00	贷	693 432.00
	30	转支#45224(支付设备款)	163 800.00		贷	529 632.00
	30	转支#45223(支付材料款)	86 112.00		贷	443 520.00
	31	委托收款(支付房租)	9 920.00		贷	433 600.00
	31	银行存款计息单		980.00	贷	434 580.00

出纳林阳发现,银行存款日记账期末余额为 394 780.00 元,银行存款期末余额为 434 580.00 元,两者不一致。

如果你是林阳,接下来该如何对账?

二、相关知识

(一)对账的含义

所谓对账,就是核对账目。其目的是防止和避免编制记账凭证和登记账簿的差错,以提高会计核算的质量,切实做到账证、账账、账实相符。各单位应定期(每年至少一次)核对各种账簿记录,确保会计信息真实可靠。对账的方法一般包括账证核对、账账核对和账实核对。

1 账证核对

账证核对应就原始凭证、记账凭证与账簿记录中的各项经济业务核对其内容、数量、金额是否相符及会计科目是否正确。根据业务量的大小,可逐笔核对,也可抽查核对。如发现有差错,应逐步查对到最初的依据,直至查出差错的原因为止。

2 账账核对

账账核对要求做到账账相符,一般有以下几种方法:

(1)检查总分类账户的记录是否有差错。可以通过编制试算平衡表进行检查,如果借贷双方金额试算平衡,一般来说没有错误,如果借贷双方金额不平衡,则说明记账有错误,要做进一步的检查。

(2)检查总分类账户与所属明细分类账户之间的记录是否有差错,有如下两种方法:

①通过编制明细分类账本期发生额及余额明细表或财产物资的收发结存表与总分类账户核对,如有不符,应进一步查找差错原因。

②加计各明细分类账户中的本期发生额或余额合计数,直接与总分类账户的相应数字相核对。这种方法可以省略上述明细表的编制工作。

3 账实核对

账实核对要求核对账簿记录余额与各项财产物资和现金、银行存款及各种有价证券的实存数是否相符。核对的方法是财产清查。对固定资产、材料、在产品、产成品、现金等,均应通过盘点实物,并与账存数核对,看其是否相符。

(二)银行存款日记账的核对方法

一般而言,银行存款日记账的核对可以依照下列方法进行。

1 账证核对

账证核对是将银行存款日记账与登记银行存款日记账的记账凭证核对。主要内容:核对记账凭证的编号、检查记账凭证与原始凭证内容是否相符、检查账证与记账方向的一致性。

2 账账核对

账账核对是将银行存款日记账与银行存款总账核对。银行存款日记账实行逐日逐笔、日清月结的方式,要定期与银行存款总账进行对账,保证其与银行存款总账的一致性。

3 账实核对

企事业单位在银行中的存款实有数是通过银行对账单来反映的,所以账实核对是银行存款日记账定期与银行对账单的核对,至少每月一次。

在实际工作中,企业的银行日记账余额与对账单的余额往往不一致。不一致的原因主要有两个:一是企业或者开户银行其中一方或双方记账错误;二是企业或者开户银行存在未达账项。

(三)未达账项

未达账项主要是因为企业和银行收到结算凭证的时间不一致。比如,企业委托银行向外地某单位收款,银行收到对方支付款项的结算凭证后,就记账增加企业的银行存款,再将结算凭证传递给企业,企业在收到结算凭证后再记录增加自己账上的银行存款。在银行收到结算凭证至企业收到结算凭证期间,就形成了未达账项。

企业和银行之间可能会发生以下四种未达账项:

(1)银行已经收款入账,而企业尚未收到银行的收款通知因而未收款入账的款项(银行已收而企业未收),如委托银行收款等。

(2)银行已经付款入账,而企业尚未收到银行的付款通知因而未付款入账的款项(银行已付而企业未付),如借款利息的扣付、委托收款无承付等。

(3)企业已经收款入账,而银行尚未办理完转账手续因而未收款入账的款项(企业已收而银行未收),如收到外单位的转账支票等。

(4)企业已经付款入账,而银行尚未办理完转账手续因而未付款入账的款项(企业已付而银行未付),如企业已开出支票而持票人尚未向银行提现或转账等。

出现第一种和第四种情况时,开户单位银行存款账面余额小于银行对账单的存款余额;出现第二种和第三种情况时,开户单位银行存款账面余额大于银行对账单的存款余额。无论出现哪种情况,都会使开户单位存款余额与银行对账单存款余额不一致,很容易开出空头支票。对此,必须编制银行存款余额调节表(见表4-6)进行调节。

表4-6 银行存款余额调节表

银行存款余额调节表

企业名称：   日期： 年 月 日

开户行及账户：   余额单位:元

项目	余额	项目	余额
企业银行存款日记账余额		银行对账单余额	
加:银行已收、企业未收款		加:企业已收、银行未收款	
减:银行已付、企业未付款		减:企业已付、银行未付款	
调节后的存款余额		调节后的存款余额	

注意:银行存款余额调节表中的"调节后的余额"仅作为清查未达账项的参考,不作为编制记账凭证的依据,待下月各单位实际收到有关原始凭证后才进行相关会计处理,登记日记账。

(四)银行存款日记账与银行对账单的具体核对方法

定期核对银行存款日记账与银行对账单,是出纳人员的一项重要日常工作。银行存款日记账与银行对账单的核对具体做法如下:

(1)出纳人员将银行提供的对账单同自己的银行存款日记账进行核对,凡是对账单与银行存款日记账记录内容相同的可在对账单和日记账上分别标示。

(2)对日记账和对账单上未做标示的项目进行检查,确认是属于记账错误还是未达账项。

(3)对查出属于本单位的记账错误,应当按照规定的错账更正方法进行更正,调整银行存款日记账账面余额;对属于银行记账错误的要及时通知银行更正,并调整银行对账单余额;对发生的未达账项,应编制银行存款余额调节表。

各单位编制的银行存款余额调节表应附在单位当月记账凭证的首页前,与记账凭证及所附原始凭证装订在一起,以便以后审计查账。

三、任务实施

(1)出纳林阳进行对账。

(2)确认未达账项,分别为:

①银行存款计息980.00元 + 收到销货款55 760.00元 = 56 740.00元,属银行已收,企业未收;

②销货款121 680.00元,属企业已收,银行未收;

⑧委托收款(支付房租)9 920.00元,属银行已付,企业未付;

④支付材料款114 660.00元,属企业已付,银行未付。

(3)编制银行存款余额调节表,如表4-7所示。

表4-7 银行存款余额调节表

银行存款余额调节表

企业名称:北京市鸿途有限责任公司   日期:2018年03月31日

开户行及账户:中国银行北京市海淀支行   余额单位:元

项目	余额	项目	余额
企业银行存款日记账余额	394 780.00	银行对账单余额	434 580.00
加:银行已收、企业未收款	56 740.00	加:企业已收、银行未收款	121 680.00
减:银行已付、企业未付款	9 920.00	减:企业已付、银行未付款	114 660.00
调节后的存款余额	441 600.00	调节后的存款余额	441 600.00

项目五　出纳工作处理规范

学习目标

>> **知识目标**

熟悉印章、票据及保险柜的管理要求;了解出纳工作交接的原因及意义;掌握出纳工作交接的内容和程序。

>> **技能目标**

能按实际业务情况完成出纳工作岗位交接。

任务一　出纳工作管理

一、布置任务

2017年4月6日,出纳林阳登记完日记账簿之后,因有事就离开了办公室,一直到下班也未返回。他的办公桌上摆放着日记账簿、原始凭证、几张空白支票、个人名章,且保险柜未上锁。

如果你是林阳,在外出之前应该怎么做?

票据与印章管理

二、相关知识

（一）印章的保管和使用

1 印章的保管

在出纳工作中会用到的印章，包括公章、财务专用章、发票专用章、合同专用章、法人代表章、现金收讫章、现金付讫章、银行收讫章、银行付讫章、作废章等。为了规避风险，印章是交由不同部门进行管理的。通常情况下，公章、合同专用章由本单位的行政管理中心专人负责管理；法人代表章由法人代表本人或者授权代理人进行保管；财务专用章一般交由会计机构负责人或者会计主管人员保管；发票专用章交由会计保管，小企业也可以交给出纳保管；现金收讫章、现金付讫章、银行收讫章、银行付讫章、作废章等条章则是由出纳人员统一保管。

为保证资金的绝对安全，财务专用章、法人个人名章等银行预留印章由两人以上分开保管、监督使用，做到一人无法签发支票、汇票，一人无法提取现金。需要使用重要印章的时候，必须按照印章管理规定办理报批和登记手续，并由印章保管人员亲自用印。

2 印章的使用

（1）条章的使用

现金收讫印章：现金收款时，出纳员收到款项后，在收据上加盖现金收讫章。

现金付讫印章：现金付款时，按审核后的记账凭证支付款项给相关人，若对方需要，加盖现金付讫章。

银行收讫印章：企业有银行收入时，盖在银行收据上。

银行付讫印章：企业对外付款时，盖在相关支付凭证上。

作废章：用于支票、发票、收据等填写错误的票据，表明其作废。

（2）银行预留印鉴的使用

银行预留印鉴是办理各种银行业务时不可或缺的一个部分，其使用规范是出纳需要重点掌握的知识之一。各单位在银行开设账户时，需要在银行预留印鉴，也就是财务章（或者公章）和法人代表（或其授权代理人）名字的印章（俗称"小印"）。印鉴要盖在一张卡片纸上，留在银行。当开户单位需要通过银行对外支付时，先填写对外支付申请，申请上必须加盖上述印鉴。银行经过核对，确认对外支付申请上的印鉴与预留印鉴一致，即可代该单位进行对外支付。单位的银行预留印鉴不得由同一人保管。在票据上加盖印章时，要清晰明辨，同时注意以下几点：

①仔细查看印章边框是否清晰，确保没有缺口；

②观察印章内文字是否清楚，不能有模糊不清、重影等现象；

③印章颜色鲜明,如果颜色较浅请重新盖章。

(二)票据的管理

1 票据的保管

财务部门要保管好发票、收据、支票等各类票据,实行统一领购,分户建账,视同现金,交由专人管理。公司各种发票、收据由财务部门会计负责,按有关规定登记领购、填制、保管、回收、缴销。银行结算有关票据由财务部门出纳负责,按有关规定登记、领购、填制、保管、回收,建立支票领用登记本。对填写错误的银行支票,必须加盖"作废"戳记与存根一并保存并按银行有关规定缴销。在保管票据,特别是发票时,禁止将本单位发票借给他人使用或代人开票,一经发现,从严处罚。同时还要定期对票据进行清查、盘点,发现问题及时上报。票据的使用实行领发制,领用空白收据和空白支票必须严格管理,专设登记簿进行领用登记,之后按有关规定进行填制、保管、回收、缴销。

2 票据的防伪

随着票据使用范围的不断扩大,犯罪分子以欺骗为目的对票据进行伪造,变造票据进行经济诈骗的案件多有发生,这不仅威胁着各单位和银行的资金安全,也容易导致我国金融秩序的混乱,因此对于票据的防伪识别,也是出纳人员需要重点掌握的必备技能。

(三)出纳归档资料的管理

1 出纳凭证的整理

原始凭证的整理要求做到以下几点:

(1)面积小而零散、不易直接装订的原始凭证,如火车票、市内公共汽车票等应先将小票按同金额归类,粘贴到另一厚纸上,对齐厚纸上沿,从上至下移位重叠粘贴,注意小票不应落出厚纸下沿。

(2)面积较大但又未超过记账凭证大小的原始凭证不宜粘贴,应先用大头针或回形针将其别在一起,待装订时取掉。

(3)面积稍微大过记账凭证的原始凭证,应按记账凭证大小先自下向上折叠,再从右到左折叠;如原始凭证的宽度超过记账凭证两倍或两倍以上,则应将原始凭证的左下方折成三角形,以免装订时将折叠单据订入左上角。

(4)边缘空白很少且不够装订的,要贴纸加宽,以便装订后翻阅。

(5)装订后的记账凭证应按顺序编列总号,一般按现收、现付、银收、银付顺序编列总号。

2 凭证的装订方法

（1）将需要装订的凭证上方和左方整理齐整，再放凭证封面、底面、对角纸，一定要对齐，并用夹子固定（见图 5 – 1）。

图 5 – 1 将凭证整理整齐并固定

（2）用装订机打眼（见图 5 – 2）。注意两个洞的距离（两厘米）与对角纸折线距离，防止订到附件上的内容，小心机器操作伤到手。

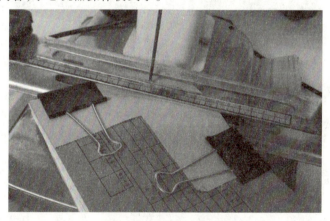

图 5 – 2 用装订机打眼

（3）用大头针穿线，用线将凭证紧紧固定，防止散开，然后在背后打结（见图 5 – 3），可以让凭证装订显得更加工整。

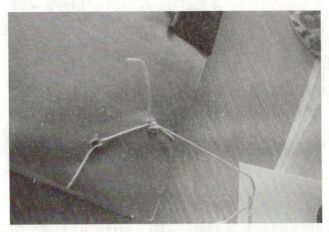

图 5 – 3　穿线并打结固定

（4）将夹子拆下，把液体胶涂在对角纸虚线以内，然后把对角纸折过去，粘贴面都要涂上胶水（见图 5 -4），以固定凭证，完成装订。

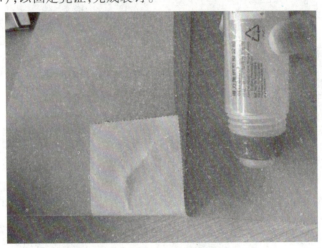

图 5 – 4　涂胶水固定

（5）凭证装订好后，要在凭证封面上写明凭证种类、起止号码、凭证张数、会计主管人员和装订人员签章，侧面也要写，以便查阅（见图 5 –5）。凭证装订好后，不能轻易拆开抽取。如需外调查证，只能复印，此时应请本单位领导批准，并在专设的备查簿上登记，再由提供人员和收取人员共同签名盖章。

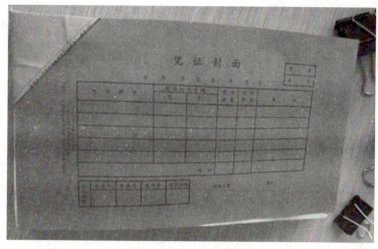

图 5 - 5　装订好的凭证

（四）保险柜的使用

保险柜是用于专门存放现金、各种有价证券、银行票据、印章及其他出纳票据的器具。为了加强单位保险柜的管理,确保保险柜内存放现金以及各种银行票据等的安全,在使用时必须注意以下事项:

1　保险柜钥匙的配备

保险柜配备两把钥匙,一把由出纳人员保管,供出纳人员日常工作开启使用;另一把由会计机构负责人或者会计主管人员管理。一般情况下,出纳人员不能将保险柜钥匙交由他人代为保管。

2　保险柜的开启

保险柜只能由出纳人员亲自开启使用,非出纳人员不得开启保险柜。如果单位需要对出纳人员工作进行检查,如检查库存现金限额、核对实际库存现金数额,或者有其他特殊情况需要开启保险柜的,应按规定的程序由会计机构负责人或者会计主管人员开启,在一般情况下不得任意开启由出纳人员保管使用的保险柜。

3　保险柜财物的保管

每日终了,出纳人员应将其使用的空白支票(包括现金支票和转账支票)、银钱收据、印章等放入保险柜内。保险柜内存放的现金应设置和登记现金日记账,其他有价证券、存折、票据等应按种类造册登记,贵重物品应按种类设置备查簿登记其质量、重量、金额等,所有财物应与账簿记录核对相符。按照规定,保险柜内不得存放私人财物。

4 保险柜的密码

出纳人员应将自己保管使用的保险柜密码严格保密,不得向他人泄露,以防他人利用。出纳人员输入密码时,应当回避他人,并用手遮挡。出纳人员调动岗位,新出纳人员应更换使用新的密码。

5 保险柜的维护

要保持保险柜柜体清洁,柜体上不得放任何其他物品,保险柜内财物应保持整洁、存放整齐。一旦保险柜发生故障,应到公安机关指定的维修点进行修理,以防泄密或失盗。

三、任务实施

(一)操作流程

1 日记账簿

序号	操作流程	角色	注意事项
1	整理日记账簿	出纳	包括现金日记账、银行存款日记账及其他相关账簿
2	将日记账簿整齐存放在保险柜内	出纳	
3	保险柜关闭上锁	出纳	

2 原始凭证

序号	操作流程	角色	注意事项
1	整理原始凭证	出纳	按照原始凭证整理要求进行整理
2	将原始凭证整齐存放在保险柜内	出纳	
3	保险柜关闭上锁	出纳	

3 印鉴

序号	操作流程	角色	注意事项
1	明确印鉴种类	出纳	印鉴有法人代表章、个人章、现金收讫章、现金付讫章等
2	将印鉴整齐存放在保险柜内	出纳	
3	保险柜关闭上锁	出纳	

（二）具体步骤

（1）印鉴使用后，及时存放在保险柜里。

（2）原始凭证应及时整理，将整理好的原始凭证传递给制证会计。

（3）空白支票使用后，相关责任人应在支票使用簿上登记，未使用的空白支票应及时存放在保险柜里。

（4）保险柜关闭上锁。

任务二　出纳工作交接准备

一、布置任务

2018 年 3 月，林阳由于个人原因提出辞去北京市鸿途有限责任公司出纳职务。该公司财务主管要求他于 4 月 7 日与新招聘的出纳夏依伊进行岗位交接。请帮助林阳做好岗位交接前的准备。

二、相关知识

出纳工作交接

（一）出纳工作交接的原因或情形

出纳人员办理交接手续主要有以下几个方面的原因：

（1）出纳人员辞职或离开单位；

（2）企业内部工作变动不再担任出纳职务，例如出纳岗位轮换到会计岗位；

（3）出纳岗位内部增加工作人员重新进行分工；

（4）因病假、事假或临时调动，不能继续从事出纳工作；

（5）因特殊情况如停职审查等按规定不宜从事出纳工作；

（6）企业因其他情况按规定应办理出纳交接工作的，如企业发生解散、破产、兼并、合并、分立等情况时，出纳人员应向接收单位或清算组移交工作。

（二）出纳工作交接的作用

我国《会计法》第四十一条规定："会计人员调动工作或者离职，必须与接管人员办理交接手续。一般会计人员办理交接手续，由会计机构负责人（会计主管人员）监交；会计机构负责人（会计主管人员）办理交接手续，由单位负责人监交，必要时主管单位可以派人会同监交。"出纳人员因故不能在原出纳岗位工作时，必须按有关规定和要求办理好工作的交

接手续,做好移交工作。出纳工作交接的作用主要有:

(1)可以明确工作责任;

(2)便于接管的出纳人员熟悉工作,能够尽快进入工作角色;

(3)有利于账目清晰与账簿归档;

(4)有利于发现和处理出纳工作和资金管理工作中存在的问题;

(5)预防经济责任事故与经济犯罪的发生;

(6)防止资金流失。

交接后,如发现移交人在交接前经办的出纳业务有违反财务会计制度和财经纪律的,仍应由移交人负责;交接后,移交前的未了事项,移交人仍有责任协助接交人办理。

(三)出纳工作交接的准备

1 交接前的准备内容

(1)会计凭证(原始凭证、记账凭证),会计账簿(现金日记账、银行存款日记账等),相关报表(出纳报告等)。

(2)现金、银行存款、金银珠宝、有价证券和其他一切公有物品。

(3)用于银行结算的各种票据、票证、支票簿等。

(4)各种发票、收款收据,包括空白发票、空白收据、已用或作废的发票或收据的存联等。

(5)印章,包括财务专用章、银行预留印鉴及"现金收讫""现金付讫""银行收讫""银行付讫"等业务专用章。

(6)各种文件资料和其他业务资料,如银行对账单,以及应由出纳人员保管的合同、协议等。

(7)办公室、办公桌与保险工具的钥匙,各种密码。

(8)本部门保管的各种档案资料和公用会计工具、器具等。

(9)经办未了的事项。

2 准备移交前的出纳核算工作

(1)将出纳账登记完毕,并在最后一笔余额后加盖名章。

(2)出纳日记账与现金、银行存款总账核对相符,现金账面余额与实际库存现金核对一致,银行存款账面余额与银行对账单无误。

(3)在出纳账的账簿启用表上填写移交日期,并加盖名章。

(4)整理需要移交的各种资料,对未了事项写出书面说明。

3 准备移交清册

移交清册的内容包括:列明支票张数及支票号码;现金金额及票面额;发票张数及号

码;账簿名称及册数;印章及其他物品。实行会计电算化的单位,从事出纳的移交人还应当在移交清册中列明会计软件及密码、会计软件数据磁盘(磁带等)及有关资料、实物等内容。

三、任务实施

1 整理需要交接的内容

(1)库存现金:2018 年 4 月 6 日账面余额 27 900.00 元,实存相符,其中 270 张面值 100 元、12 张面值 50 元、20 张面值 10 元、18 张面值 5 元、10 张面值 1 元。日记账余额与总账相符。

(2)银行存款余额 29 650 000.00 元,与银行存款对账单、银行存款余额调节表核对相符;银行印鉴卡片 2 张,银行存款余额调节表 1 份。

(3)现金日记账 1 本,银行存款日记账 1 本。

(4)有价证券:购入半年期面额 100 元国债共计 500 张,购入日期为 2018 年 1 月 1 日。

(5)支票领用登记簿 1 册,收款收据领用登记簿 1 册。

(6)空白现金支票 10 张(X001 号—X010 号);空白转账支票 20 张(Z001 号—Z020 号)。

(7)收款收据 10 份。

(8)银行对账单 2016 年 7 月份 1 本,2016 年 7 月份未达账项说明 1 份。

(9)财务处"现金收讫""现金付讫"印章各 1 枚。

(10)计算器 1 台,办公桌钥匙 1 把,保险柜钥匙 1 把,U8 软件使用资料 1 份。

(11)未了事项情况说明书 1 份。

2 登记出纳日记账,结账盖章

(详细步骤略)

任务三　进行出纳工作交接

一、布置任务

2018 年 4 月 7 日,移交人林阳和接交人夏依伊进行出纳工作交接。

二、相关知识

(一) 出纳工作交接手续

出纳工作的交接必须在规定的期限内,向接交人办理清楚。办理交接手续时,一般应由本单位领导监督进行。具体交接时,监交人必须在场。监交人主要负责监督双方认真交接和履行交接手续,协调交接工作。

移交人在办理移交时,要按移交清册逐项移交,接交人应认真按移交清册逐项核对点收。

(1)现金、有价证券要根据出纳日记账和备查账簿余额进行点收。现金、有价证券必须与会计账簿记录保持一致。如不一致,移交人必须限期查清。

(2)会计凭证、会计账簿等会计资料必须完整无缺。尤其在账簿交接时,接交人应着重核对账账、账物是否一致,核对无误后,交接双方还应在账簿的"经管人员一览表"上签章,并注明交接的年、月、日。

(3)银行存款账户余额要与银行对账单核对,如不一致,应当编制银行存款余额调节表调节相符。如经调整,余额仍然不符,应及时查明原因,明确责任。

(4)移交人经营的票据、印章和其他实物必须交接清楚。

(5)保险柜密码,重要工作台、室的钥匙应先按实际情况进行交接,待交接完毕后,更换保险柜密码和重要工作台、室的锁具。

(6)实行会计电算化的单位,定期采用计算机打印现金日记账、银行存款日记账和有价证券明细账的,在不能满页打印时,不可在实际操作状态下进行交接,而应将账页打印出来,装订成册,再进行交接。

(7)移交时,应将工作计划和待办事项交代清楚。移交人移交工作计划时,要由移交人详细地介绍计划执行情况以及在日后执行过程中可能出现的问题,以便接交人接管后能顺利地开展工作。移交待办事项时,移交人应将处理方法和有关注意事项向接交人交代清楚,以保证工作的延续性。

(8)交接完毕,交接双方和监交人要在移交清册上签名或盖章。移交清册一般一式三份,交双方各执一份,存档一份。在移交清册上必须填明:单位名称、交接日期、交接双方和监交人的职务和姓名,以及移交清册页数、份数和其他需要说明的问题和意见。移交清册模板见图 5 - 6。

一、原出纳人员＿＿＿＿＿＿,因工作调动,将出纳工作移交给＿＿＿＿＿＿接管。现办理如下交接:交接日期为＿＿＿＿＿年＿＿＿＿月＿＿＿＿日。

二、具体业务的移交。

(1)库存现金:

(2)银行存款:

(3)有价证券:

三、移交的会计凭证、账簿、文件。

四、印鉴。

五、其他。

六、交接后工作责任的划分。

＿＿＿＿＿＿年＿＿＿＿月＿＿＿＿日前的出纳责任由＿＿＿＿＿＿负责;＿＿＿＿＿＿年＿＿＿＿月＿＿＿＿日起出纳工作由＿＿＿＿＿＿负责。以上移交事项均经交接双方认定无误。

七、本清册一式三份,双方各执一份,存档一份。

移交人:

接管人:

监交人:

××公司

年　　　月　　　日

图 5 - 6　出纳工作移交清册

(二)编制各类移交表

若出纳交接工作较为复杂,可先按交接的内容编制各类移交表。交接完毕后,进行整理并编制移交清册。

移交表主要有:

(1)库存现金移交表。它是用于记录交接时点企业的库存现金的数量和价值,明确交接双方权责的书面表单。如表 5 - 1 所示。

表 5 – 1　库存现金移交表

移交日期：　　年　　月　　日　　　　　　　　单位:元　　　　　　第　　页

币别	数量(张)	移交金额	接交金额	备注
100 元				
50 元				
20 元				
10 元				
5 元				
2 元				
1 元				
5 角				
2 角				
1 角				
合计				

单位负责人：　　　　　移交人：　　　　　　　监交人：　　　　　　接交人：

(2)银行存款移交表。它是用于记录交接时点企业银行存款的价值,明确交接双方权责的书面表单。如表 5 – 2 所示。

表 5 – 2　银行存款移交表

移交日期：　　年　　月　　日　　　　　　　　单位:元　　　　　　第　　页

开户银行	账户	币种	账面金额	实有金额	备注
合计					

单位负责人：　　　　　移交人：　　　　　　　监交人：　　　　　　接交人：

附件及说明：

①账面金额为银行存款日记账余额,实有金额为银行对账单金额;

②银行存款余额调节表(　　　　)份;

③银行印鉴卡片(　　　　)张。

（3）有价证券、贵重物品移交表。它是用于记录交接时点有价证券、贵重物品的数量和价值，明确交接双方权责的书面表单。如表5-3所示。

表5-3　有价证券、贵重物品移交表

移交日期：　年　月　日　　　　　　　　单位:元　　　　第　页

名称	购入日期	单位	数量	面值	到期日期	备注

单位负责人：　　　移交人：　　　监交人：　　　接交人：

（4）核算资料移交表。它是用于记录交接时点企业有关出纳核算资料的数量及其他情况，明确交接双方权责的书面表单。如表5-4所示。

表5-4　核算资料移交表

移交日期：　年　月　日　　　　　　　　　　第　页

名称	年度	数量	起止时间	备注
库存现金日记账				
银行存款日记账				
支票领用登记簿				
收款收据领用登记簿				
收款收据				
现金支票				
转账支票				
合计				

单位负责人：　　　移交人：　　　监交人：　　　接交人：

（5）物品移交表。它是用于记录交接时点出纳办公用品的品名和数量等情况，明确交接双方权责的书面表单。如表5-5所示。

表5-5　物品工具移交表

移交日期：　　年　　月　　日　　　　　　　　　　　　　　　　　　第　　页

移交物品	单位	数量

单位负责人：　　　　　移交人：　　　　　监交人：　　　　　接交人：

（三）开始进行交接

（1）现金、有价证券要根据出纳账和备查账簿余额进行点收。接交人发现不一致时，移交人要负责查清。

（2）银行存款账户余额要与银行对账单核对，如不一致，移交人和接交人应一起到开户银行当场复核，并编制银行存款余额调节表。

（3）移交有关票据、票证及印章，同时由接交人更换预留在银行的印鉴章。

（4）移交人应核对账账、账实是否相符。

（5）出纳凭证、出纳账簿和其他会计核算资料必须完整无缺，如有短缺，由移交人查明原因，在移交清册中注明。

（6）移交人应将保险柜密码、钥匙，办公桌和办公室钥匙一一移交给接交人，接交完毕后，更换保险柜密码及有关锁具。

（7）接交人接交完毕，应在出纳账簿启用表上填写接收时间，并签名盖章。

（8）交接完成后，移交人应对自己经办的已经移交的资料的合法性、真实性承担法律责任，不能因为资料已经移交而推脱责任。

三、任务实施

1　出纳交接内容

（1）库存现金：2018年4月6日账面余额27 900.00元，实存相符，其中270张面值100元、12张面值50元、20张面值10元、18张面值5元、10张面值1元。日记账余额与总账相符。

（2）银行存款余额29 650 000.00元，与银行存款对账单、银行存款余额调节表核对相符；银行印鉴卡片2张，银行存款余额调节表1份。

(3)现金日记账 1 本,银行存款日记账 1 本。

(4)有价证券:购入半年期面额 100 元国债共计 500 张,购入日期为 2018 年 1 月 1 日,经核对无误。

(5)支票领用登记簿 1 册,收款收据领用登记簿 1 册。

(6)空白现金支票 10 张(X001 号—X010 号);空白转账支票 20 张(Z001 号—Z020 号)。

(7)收款收据 10 份。

(8)财务处"现金收讫""现金付讫"印章各 1 枚。

(9)计算器 1 台,办公桌钥匙 1 把,保险柜钥匙 1 把,U8 软件使用资料 1 份。

(10)未了事项情况说明书 1 份。

2 依据出纳交接的内容填写出纳交接表格

(1)填写库存现金移交表,如表 5-6 所示。

表 5-6　库存现金移交表

移交日期:2018 年 04 月 07 日　　　　　　单位:元　　　第 1 页

币别	数量(张)	移交金额	接交金额	备注
100 元	270	270 000.00	270 000.00	
50 元	12	600.00	600.00	
20 元				
10 元	10	200.00	200.00	
5 元	18	90.00	90.00	
2 元				
1 元	10	10.00	10.00	
5 角				
2 角				
1 角				
合计	320	27 900.00	27 900.00	

单位负责人:王玉尧　　　移交人:林阳　　　监交人:冯泽轩　　　接交人:夏依伊

（2）填写银行存款移交表，如表5－7所示。

表5－7　银行存款移交表

移交日期：2018年04月07日　　　　　　　　单位：元　　　　　　　　第　　页

开户银行	账户	币种	账面金额	实有金额	备注
中国银行北京市海淀支行	546327890168	人民币	29 650 000.00	29 650 000.00	
合计					

单位负责人：王玉尧　　　移交人：林阳　　　监交人：冯泽轩　　　接交人：夏依伊

附件及说明：

①账面金额为银行存款日记账余额，实有金额为银行对账单金额；

②银行存款余额调节表（　1　）份；

③银行印鉴卡片（　2　）张。

（3）填写有价证券、贵重物品移交表，如表5－8所示。

表5－8　有价证券、贵重物品移交表

移交日期：2018年04月07日　　　　　　　　单位：元　　　　　　　　第　　页

名称	购入日期	单位	数量	面值	到期日期	备注
记账式国债	2018年1月1日		500	100	2018年6月30日	

单位负责人：王玉尧　　　移交人：林阳　　　监交人：冯泽轩　　　接交人：夏依伊

（4）填写核算资料移交表，如表5－9所示。

表5－9　核算资料移交表

移交日期：2018年04月07日　　　　　　　　　　　　　　　　第　　页

名称	年度	数量	起止时间	备注
库存现金日记账	2018	1本	略	
银行存款日记账	2018	1本	略	
支票领用登记簿	2018	1册	略	
收款收据领用登记簿	2018	1册	略	
收款收据	2018	10张	略	
空白现金支票	2018	10张	略	
空白转账支票	2018	20张	略	
合计	—	—		

单位负责人：王玉尧　　　移交人：林阳　　　监交人：冯泽轩　　　接交人：夏依伊

（5）填写物品移交表，如表5－10所示。

表5－10　物品工具移交表

移交日期:2018年04月07日　　　　　　　　　　　　　　　　　第　　页

移交物品	单位	数量
"现金收讫"章	枚	1
"现金付讫"章	枚	1
计算器	台	1
办公桌钥匙	把	1
保险柜钥匙	把	1
U8 软件使用资料	份	1

单位负责人:王玉尧　　　　移交人:林阳　　　　监交人:冯泽轩　　　接交人:夏依伊

（6）填写日记账簿启用表（交接记录）（略）。

（7）填写出纳工作移交手册，如图5－7所示。

一、原出纳人员　林阳　,因工作调动,将出纳工作移交给　夏依伊　接管。现办理如下交接:交接日期为　2018　年　04　月　07　日。

二、具体业务的移交。

（1）库存现金:2018年4月6日账面余额27 900.00元,实存相符,其中270张面值100元、12张面值50元、20张面值10元、18张面值5元、10张面值1元。日记账余额与总账相符。

（2）银行存款余额29 650 000.00元,与银行存款对账单、银行存款余额调节表核对相符;银行印鉴卡片2张,银行存款余额调节表1份。

（3）有价证券:国债50 000.00元,经核对无误。

三、移交的会计凭证、账簿、文件。

（1）现金日记账1本,银行存款日记账1本。

（2）空白现金支票10张(X001号至X010号);空白转账支票20张(Z001号至Z020号)。

（3）收款收据10份。

四、印鉴。

财务处"现金收讫""现金付讫"印章各1枚。

五、其他。

（1）支票领用登记簿1册;收款收据领用登记簿1册。

（2）计算器1台,办公桌钥匙1把,保险柜钥匙1把,U8软件使用资料1份。

（3）未了事项情况说明书1份。

六、交接后工作责任的划分。

　2018　年　4　月　7　日前的出纳责任由　林阳　负责;　2018　年　4　月　7　日起出纳工作由　夏依伊　负责。以上移交事项均经交接双方认定无误。

七、本清册一式三份,双方各执一份,存档一份。

移交人:林　阳
接管人:夏依伊
监交人:冯泽轩
北京市鸿途有限责任公司
2018年04月07日

图5－7　出纳工作移交清册

参考文献

[1]余珏.出纳岗位技能[M].北京:电子工业出版社,2014.

[2]王伟.会计基本技能[M].北京:中国财政经济出版社,2016.

[3]史建军,杜珊.出纳实务[M].镇江:江苏大学出版社,2017.

[4]斯叶青,李娟娟.出纳实务[M].2版.厦门:厦门大学出版社,2017.

[5]李秀美,胡正燕,田海燕,等.出纳实务项目化实践教程[M].东营:中国石油大学出版社,2018.

附 录

附录 1　《人民币银行结算账户管理办法》

第一章　总　则

第一条　为规范人民币银行结算账户（以下简称银行结算账户）的开立和使用，加强银行结算账户管理，维护经济金融秩序稳定，根据《中华人民共和国中国人民银行法》和《中华人民共和国商业银行法》等法律法规，制定本办法。

第二条　存款人在中国境内的银行开立的银行结算账户适用本办法。

本办法所称存款人，是指在中国境内开立银行结算账户的机关、团体、部队、企业、事业单位、其他组织（以下统称单位）、个体工商户和自然人。

本办法所称银行，是指在中国境内经中国人民银行批准经营支付结算业务的政策性银行、商业银行（含外资独资银行、中外合资银行、外国银行分行）、城市信用合作社、农村信用合作社。

本办法所称银行结算账户，是指银行为存款人开立的办理资金收付结算的人民币活期存款账户。

第三条　银行结算账户按存款人分为单位银行结算账户和个人银行结算账户。

（一）存款人以单位名称开立的银行结算账户为单位银行结算账户。单位银行结算账户按用途分为基本存款账户、一般存款账户、专用存款账户、临时存款账户。

个体工商户凭营业执照以字号或经营者姓名开立的银行结算账户纳入单位银行结算账户管理。

（二）存款人凭个人身份证件以自然人名称开立的银行结算账户为个人银行结算账户。

邮政储蓄机构办理银行卡业务开立的账户纳入个人银行结算账户管理。

第四条　单位银行结算账户的存款人只能在银行开立一个基本存款账户。

第五条　存款人应在注册地或住所地开立银行结算账户。符合本办法规定可以在异地(跨省、市、县)开立银行结算账户的除外。

第六条　存款人开立基本存款账户、临时存款账户和预算单位开立专用存款账户实行核准制度，经中国人民银行核准后由开户银行核发开户登记证。但存款人因注册验资需要开立的临时存款账户除外。

第七条　存款人可以自主选择银行开立银行结算账户。除国家法律、行政法规和国务院规定外，任何单位和个人不得强令存款人到指定银行开立银行结算账户。

第八条　银行结算账户的开立和使用应当遵守法律、行政法规，不得利用银行结算账户进行偷逃税款、逃废债务、套取现金及其他违法犯罪活动。

第九条　银行应依法为存款人的银行结算账户信息保密。对单位银行结算账户的存款和有关资料，除国家法律、行政法规另有规定外，银行有权拒绝任何单位或个人查询。对个人银行结算账户的存款和有关资料，除国家法律另有规定外，银行有权拒绝任何单位或个人查询。

第十条　中国人民银行是银行结算账户的监督管理部门。

第二章　银行结算账户的开立

第十一条　基本存款账户是存款人因办理日常转账结算和现金收付需要开立的银行结算账户。下列存款人，可以申请开立基本存款账户：

(一)企业法人。

(二)非法人企业。

(三)机关、事业单位。

(四)团级(含)以上军队、武警部队及分散执勤的支(分)队。

(五)社会团体。

(六)民办非企业组织。

(七)异地常设机构。

(八)外国驻华机构。

(九)个体工商户。

(十)居民委员会、村民委员会、社区委员会。

(十一)单位设立的独立核算的附属机构。

(十二)其他组织。

第十二条　一般存款账户是存款人因借款或其他结算需要，在基本存款账户开户银行以外的银行营业机构开立的银行结算账户。

第十三条　专用存款账户是存款人按照法律、行政法规和规章，对其特定用途资金进行专项管理和使用而开立的银行结算账户。对下列资金的管理与使用，存款人可以申请开立专用存款账户：

（一）基本建设资金。

（二）更新改造资金。

（三）财政预算外资金。

（四）粮、棉、油收购资金。

（五）证券交易结算资金。

（六）期货交易保证金。

（七）信托基金。

（八）金融机构存放同业资金。

（九）政策性房地产开发资金。

（十）单位银行卡备用金。

（十一）住房基金。

（十二）社会保障基金。

（十三）收入汇缴资金和业务支出资金。

（十四）党、团、工会设在单位的组织机构经费。

（十五）其他需要专项管理和使用的资金。

收入汇缴资金和业务支出资金,是指基本存款账户存款人附属的非独立核算单位或派出机构发生的收入和支出的资金。

因收入汇缴资金和业务支出资金开立的专用存款账户,应使用隶属单位的名称。

第十四条　临时存款账户是存款人因临时需要并在规定期限内使用而开立的银行结算账户。有下列情况的,存款人可以申请开立临时存款账户:

（一）设立临时机构。

（二）异地临时经营活动。

（三）注册验资。

第十五条　个人银行结算账户是自然人因投资、消费、结算等而开立的可办理支付结算业务的存款账户。有下列情况的,可以申请开立个人银行结算账户:

（一）使用支票、信用卡等信用支付工具的。

（二）办理汇兑、定期借记、定期贷记、借记卡等结算业务的。

自然人可根据需要申请开立个人银行结算账户,也可以在已开立的储蓄账户中选择并向开户银行申请确认为个人银行结算账户。

第十六条　存款人有下列情形之一的,可以在异地开立有关银行结算账户:

（一）营业执照注册地与经营地不在同一行政区域(跨省、市、县)需要开立基本存款账户的。

（二）办理异地借款和其他结算需要开立一般存款账户的。

（三）存款人因附属的非独立核算单位或派出机构发生的收入汇缴或业务支出需要开立专用存款账户的。

（四）异地临时经营活动需要开立临时存款账户的。

（五）自然人根据需要在异地开立个人银行结算账户的。

第十七条　存款人申请开立基本存款账户,应向银行出具下列证明文件:

（一）企业法人,应出具企业法人营业执照正本。

（二）非法人企业,应出具企业营业执照正本。

（三）机关和实行预算管理的事业单位,应出具政府人事部门或编制委员会的批文或登记证书和财政部门同意其开户的证明;非预算管理的事业单位,应出具政府人事部门或编制委员会的批文或登记证书。

（四）军队、武警团级（含）以上单位以及分散执勤的支（分）队,应出具军队军级以上单位财务部门、武警总队财务部门的开户证明。

（五）社会团体,应出具社会团体登记证书,宗教组织还应出具宗教事务管理部门的批文或证明。

（六）民办非企业组织,应出具民办非企业登记证书。

（七）外地常设机构,应出具其驻在地政府主管部门的批文。

（八）外国驻华机构,应出具国家有关主管部门的批文或证明;外资企业驻华代表处、办事处应出具国家登记机关颁发的登记证。

（九）个体工商户,应出具个体工商户营业执照正本。

（十）居民委员会、村民委员会、社区委员会,应出具其主管部门的批文或证明。

（十一）独立核算的附属机构,应出具其主管部门的基本存款账户开户登记证和批文。

（十二）其他组织,应出具政府主管部门的批文或证明。

本条中的存款人为从事生产、经营活动纳税人的,还应出具税务部门颁发的税务登记证。

第十八条　存款人申请开立一般存款账户,应向银行出具其开立基本存款账户规定的证明文件、基本存款账户开户登记证和下列证明文件:

（一）存款人因向银行借款需要,应出具借款合同。

（二）存款人因其他结算需要,应出具有关证明。

第十九条　存款人申请开立专用存款账户,应向银行出具其开立基本存款账户规定的证明文件、基本存款账户开户登记证和下列证明文件:

（一）基本建设资金、更新改造资金、政策性房地产开发资金、住房基金、社会保障基金,应出具主管部门批文。

（二）财政预算外资金,应出具财政部门的证明。

（三）粮、棉、油收购资金,应出具主管部门批文。

（四）单位银行卡备用金,应按照中国人民银行批准的银行卡章程的规定出具有关证明和资料。

（五）证券交易结算资金,应出具证券公司或证券管理部门的证明。

（六）期货交易保证金,应出具期货公司或期货管理部门的证明。

（七）金融机构存放同业资金,应出具其证明。

（八）收入汇缴资金和业务支出资金，应出具基本存款账户存款人有关的证明。

（九）党、团、工会设在单位的组织机构经费，应出具该单位或有关部门的批文或证明。

（十）其他按规定需要专项管理和使用的资金，应出具有关法规、规章或政府部门的有关文件。

第二十条　合格境外机构投资者在境内从事证券投资开立的人民币特殊账户和人民币结算资金账户纳入专用存款账户管理。其开立人民币特殊账户时应出具国家外汇管理部门的批复文件，开立人民币结算资金账户时应出具证券管理部门的证券投资业务许可证。

第二十一条　存款人申请开立临时存款账户，应向银行出具下列证明文件：

（一）临时机构，应出具其驻在地主管部门同意设立临时机构的批文。

（二）异地建筑施工及安装单位，应出具其营业执照正本或其隶属单位的营业执照正本，以及施工及安装地建设主管部门核发的许可证或建筑施工及安装合同。

（三）异地从事临时经营活动的单位，应出具其营业执照正本以及临时经营地工商行政管理部门的批文。

（四）注册验资资金，应出具工商行政管理部门核发的企业名称预先核准通知书或有关部门的批文。

本条第二、三项还应出具其基本存款账户开户登记证。

第二十二条　存款人申请开立个人银行结算账户，应向银行出具下列证明文件：

（一）中国居民，应出具居民身份证或临时身份证。

（二）中国人民解放军军人，应出具军人身份证件。

（三）中国人民武装警察，应出具武警身份证件。

（四）香港、澳门居民，应出具港澳居民往来内地通行证；台湾居民，应出具台湾居民来往大陆通行证或者其他有效旅行证件。

（五）外国公民，应出具护照。

（六）法律、法规和国家有关文件规定的其他有效证件。

银行为个人开立银行结算账户时，根据需要还可要求申请人出具户口簿、驾驶执照、护照等有效证件。

第二十三条　存款人需要在异地开立单位银行结算账户，除出具本办法第十七条、十八条、十九条、二十一条规定的有关证明文件外，应出具下列相应的证明文件：

（一）经营地与注册地不在同一行政区域的存款人，在异地开立基本存款账户的，应出具注册地中国人民银行分支行的未开立基本存款账户的证明。

（二）异地借款的存款人，在异地开立一般存款账户的，应出具在异地取得贷款的借款合同。

（三）因经营需要在异地办理收入汇缴和业务支出的存款人，在异地开立专用存款账户的，应出具隶属单位的证明。

属本条第二、三项情况的，还应出具其基本存款账户开户登记证。

存款人需要在异地开立个人银行结算账户,应出具本办法第二十二条规定的证明文件。

第二十四条 单位开立银行结算账户的名称应与其提供的申请开户的证明文件的名称全称相一致。有字号的个体工商户开立银行结算账户的名称应与其营业执照的字号相一致;无字号的个体工商户开立银行结算账户的名称,由"个体户"字样和营业执照记载的经营者姓名组成。自然人开立银行结算账户的名称应与其提供的有效身份证件中的名称全称相一致。

第二十五条 银行为存款人开立一般存款账户、专用存款账户和临时存款账户的,应自开户之日起3个工作日内书面通知基本存款账户开户银行。

第二十六条 存款人申请开立单位银行结算账户时,可由法定代表人或单位负责人直接办理,也可授权他人办理。

由法定代表人或单位负责人直接办理的,除出具相应的证明文件外,还应出具法定代表人或单位负责人的身份证件;授权他人办理的,除出具相应的证明文件外,还应出具其法定代表人或单位负责人的授权书及其身份证件,以及被授权人的身份证件。

第二十七条 存款人申请开立银行结算账户时,应填制开户申请书。开户申请书按照中国人民银行的规定记载有关事项。

第二十八条 银行应对存款人的开户申请书填写的事项和证明文件的真实性、完整性、合规性进行认真审查。

开户申请书填写的事项齐全,符合开立基本存款账户、临时存款账户和预算单位专用存款账户条件的,银行应将存款人的开户申请书、相关的证明文件和银行审核意见等开户资料报送中国人民银行当地分支行,经其核准后办理开户手续;符合开立一般存款账户、其他专用存款账户和个人银行结算账户条件的,银行应办理开户手续,并于开户之日起5个工作日内向中国人民银行当地分支行备案。

第二十九条 中国人民银行应于2个工作日内对银行报送的基本存款账户、临时存款账户和预算单位专用存款账户的开户资料的合规性予以审核,符合开户条件的,予以核准;不符合开户条件的,应在开户申请书上签署意见,连同有关证明文件一并退回报送银行。

第三十条 银行为存款人开立银行结算账户,应与存款人签订银行结算账户管理协议,明确双方的权利与义务。除中国人民银行另有规定的以外,应建立存款人预留签章卡片,并将签章式样和有关证明文件的原件或复印件留存归档。

第三十一条 开户登记证是记载单位银行结算账户信息的有效证明,存款人应按本办法的规定使用,并妥善保管。

第三十二条 银行在为存款人开立一般存款账户、专用存款账户和临时存款账户时,应在其基本存款账户开户登记证上登记账户名称、账号、账户性质、开户银行、开户日期,并签章。但临时机构和注册验资需要开立的临时存款账户除外。

第三章　银行结算账户的使用

第三十三条　基本存款账户是存款人的主办账户。存款人日常经营活动的资金收付及其工资、奖金和现金的支取,应通过该账户办理。

第三十四条　一般存款账户用于办理存款人借款转存、借款归还和其他结算的资金收付。该账户可以办理现金缴存,但不得办理现金支取。

第三十五条　专用存款账户用于办理各项专用资金的收付。

单位银行卡账户的资金必须由其基本存款账户转账存入。该账户不得办理现金收付业务。

财政预算外资金、证券交易结算资金、期货交易保证金和信托基金专用存款账户不得支取现金。

基本建设资金、更新改造资金、政策性房地产开发资金、金融机构存放同业资金账户需要支取现金的,应在开户时报中国人民银行当地分支行批准。中国人民银行当地分支行应根据国家现金管理的规定审查批准。

粮、棉、油收购资金、社会保障基金、住房基金和党、团、工会经费等专用存款账户支取现金应按照国家现金管理的规定办理。

收入汇缴账户除向其基本存款账户或预算外资金财政专用存款户划缴款项外,只收不付,不得支取现金。业务支出账户除从其基本存款账户拨入款项外,只付不收,其现金支取必须按照国家现金管理的规定办理。

银行应按照本条的各项规定和国家对粮、棉、油收购资金使用管理规定加强监督,对不符合规定的资金收付和现金支取,不得办理。但对其他专用资金的使用不负监督责任。

第三十六条　临时存款账户用于办理临时机构以及存款人临时经营活动发生的资金收付。

临时存款账户应根据有关开户证明文件确定的期限或存款人的需要确定其有效期限。存款人在账户的使用中需要延长期限的,应在有效期限内向开户银行提出申请,并由开户银行报中国人民银行当地分支行核准后办理展期。临时存款账户的有效期最长不得超过2年。

临时存款账户支取现金,应按照国家现金管理的规定办理。

第三十七条　注册验资的临时存款账户在验资期间只收不付,注册验资资金的汇缴人应与出资人的名称一致。

第三十八条　存款人开立单位银行结算账户,自正式开立之日起3个工作日后,方可办理付款业务。但注册验资的临时存款账户转为基本存款账户和因借款转存开立的一般存款账户除外。

第三十九条　个人银行结算账户用于办理个人转账收付和现金存取。下列款项可以转入个人银行结算账户:

(一)工资、奖金收入。

（二）稿费、演出费等劳务收入。

（三）债券、期货、信托等投资的本金和收益。

（四）个人债权或产权转让收益。

（五）个人贷款转存。

（六）证券交易结算资金和期货交易保证金。

（七）继承、赠予款项。

（八）保险理赔、保费退还等款项。

（九）纳税退还。

（十）农、副、矿产品销售收入。

（十一）其他合法款项。

第四十条 单位从其银行结算账户支付给个人银行结算账户的款项，每笔超过 5 万元的，应向其开户银行提供下列付款依据：

（一）代发工资协议和收款人清单。

（二）奖励证明。

（三）新闻出版、演出主办等单位与收款人签订的劳务合同或支付给个人款项的证明。

（四）证券公司、期货公司、信托投资公司、奖券发行或承销部门支付或退还给自然人款项的证明。

（五）债权或产权转让协议。

（六）借款合同。

（七）保险公司的证明。

（八）税收征管部门的证明。

（九）农、副、矿产品购销合同。

（十）其他合法款项的证明。

从单位银行结算账户支付给个人银行结算账户的款项应纳税的，税收代扣单位付款时应向其开户银行提供完税证明。

第四十一条 有下列情形之一的，个人应出具本办法第四十条规定的有关收款依据。

（一）个人持出票人为单位的支票向开户银行委托收款，将款项转入其个人银行结算账户的。

（二）个人持申请人为单位的银行汇票和银行本票向开户银行提示付款，将款项转入其个人银行结算账户的。

第四十二条 单位银行结算账户支付给个人银行结算账户款项的，银行应按第四十条、第四十一条规定认真审查付款依据或收款依据的原件，并留存复印件，按会计档案保管。未提供相关依据或相关依据不符合规定的，银行应拒绝办理。

第四十三条 储蓄账户仅限于办理现金存取业务，不得办理转账结算。

第四十四条 银行应按规定与存款人核对账务。银行结算账户的存款人收到对账单或对账信息后，应及时核对账务并在规定期限内向银行发出对账回单或确认信息。

第四十五条　存款人应按照本办法的规定使用银行结算账户办理结算业务。

存款人不得出租、出借银行结算账户，不得利用银行结算账户套取银行信用。

第四章　银行结算账户的变更与撤销

第四十六条　存款人更改名称，但不改变开户银行及账号的，应于 5 个工作日内向开户银行提出银行结算账户的变更申请，并出具有关部门的证明文件。

第四十七条　单位的法定代表人或主要负责人、住址以及其他开户资料发生变更时，应于 5 个工作日内书面通知开户银行并提供有关证明。

第四十八条　银行接到存款人的变更通知后，应及时办理变更手续，并于 2 个工作日内向中国人民银行报告。

第四十九条　有下列情形之一的，存款人应向开户银行提出撤销银行结算账户的申请：

（一）被撤并、解散、宣告破产或关闭的。

（二）注销、被吊销营业执照的。

（三）因迁址需要变更开户银行的。

（四）其他原因需要撤销银行结算账户的。

存款人有本条第一、二项情形的，应于 5 个工作日内向开户银行提出撤销银行结算账户的申请。

本条所称撤销是指存款人因开户资格或其他原因终止银行结算账户使用的行为。

第五十条　存款人因本办法第四十九条第一、二项原因撤销基本存款账户的，存款人基本存款账户的开户银行应自撤销银行结算账户之日起 2 个工作日内将撤销该基本存款账户的情况书面通知该存款人其他银行结算账户的开户银行；存款人其他银行结算账户的开户银行，应自收到通知之日起 2 个工作日内通知存款人撤销有关银行结算账户；存款人应自收到通知之日起 3 个工作日内办理其他银行结算账户的撤销。

第五十一条　银行得知存款人有本办法第四十九条第一、二项情况，存款人超过规定期限未主动办理撤销银行结算账户手续的，银行有权停止其银行结算账户的对外支付。

第五十二条　未获得工商行政管理部门核准登记的单位，在验资期满后，应向银行申请撤销注册验资临时存款账户，其账户资金应退还给原汇款人账户。注册验资资金以现金方式存入，出资人需提取现金的，应出具缴存现金时的现金缴款单原件及其有效身份证件。

第五十三条　存款人尚未清偿其开户银行债务的，不得申请撤销该账户。

第五十四条　存款人撤销银行结算账户，必须与开户银行核对银行结算账户存款余额，交回各种重要空白票据及结算凭证和开户登记证，银行核对无误后方可办理销户手续。存款人未按规定交回各种重要空白票据及结算凭证的，应出具有关证明，造成损失的，由其自行承担。

第五十五条　银行撤销单位银行结算账户时，应在其基本存款账户开户登记证上注明销户日期并签章，同时于撤销银行结算账户之日起 2 个工作日内，向中国人民银行报告。

第五十六条 银行对一年未发生收付活动且未欠开户银行债务的单位银行结算账户,应通知单位自发出通知之日起 30 日内办理销户手续,逾期视同自愿销户,未划转款项列入久悬未取专户管理。

第五章　银行结算账户的管理

第五十七条 中国人民银行负责监督、检查银行结算账户的开立和使用,对存款人、银行违反银行结算账户管理规定的行为予以处罚。

第五十八条 中国人民银行对银行结算账户的开立和使用实施监控和管理。

第五十九条 中国人民银行负责基本存款账户、临时存款账户和预算单位专用存款账户开户登记证的管理。

任何单位及个人不得伪造、变造及私自印制开户登记证。

第六十条 银行负责所属营业机构银行结算账户开立和使用的管理,监督和检查其执行本办法的情况,纠正违规开立和使用银行结算账户的行为。

第六十一条 银行应明确专人负责银行结算账户的开立、使用和撤销的审查和管理,负责对存款人开户申请资料的审查,并按照本办法的规定及时报送存款人开销户信息资料,建立健全开销户登记制度,建立银行结算账户管理档案,按会计档案进行管理。

银行结算账户管理档案的保管期限为银行结算账户撤销后 10 年。

第六十二条 银行应对已开立的单位银行结算账户实行年检制度,检查开立的银行结算账户的合规性,核实开户资料的真实性;对不符合本办法规定开立的单位银行结算账户,应予以撤销。对经核实的各类银行结算账户的资料变动情况,应及时报告中国人民银行当地分支行。

银行应对存款人使用银行结算账户的情况进行监督,对存款人的可疑支付应按照中国人民银行规定的程序及时报告。

第六十三条 存款人应加强对预留银行签章的管理。单位遗失预留公章或财务专用章的,应向开户银行出具书面申请、开户登记证、营业执照等相关证明文件;更换预留公章或财务专用章时,应向开户银行出具书面申请、原预留签章的式样等相关证明文件。个人遗失或更换预留个人印章或更换签字人时,应向开户银行出具经签名确认的书面申请,以及原预留印章或签字人的个人身份证件。银行应留存相应的复印件,并凭以办理预留银行签章的变更。

第六章　罚则

第六十四条 存款人开立、撤销银行结算账户,不得有下列行为:

(一)违反本办法规定开立银行结算账户。

(二)伪造、变造证明文件欺骗银行开立银行结算账户。

(三)违反本办法规定不及时撤销银行结算账户。

非经营性的存款人,有上述所列行为之一的,给予警告并处以 1000 元的罚款;经营性的存款人有上述所列行为之一的,给予警告并处以 1 万元以上 3 万元以下的罚款;构成犯罪的,移交司法机关依法追究刑事责任。

第六十五条　存款人使用银行结算账户,不得有下列行为:

(一)违反本办法规定将单位款项转入个人银行结算账户。

(二)违反本办法规定支取现金。

(三)利用开立银行结算账户逃废银行债务。

(四)出租、出借银行结算账户。

(五)从基本存款账户之外的银行结算账户转账存入、将销货收入存入或现金存入单位信用卡账户。

(六)法定代表人或主要负责人、存款人地址以及其他开户资料的变更事项未在规定期限内通知银行。

非经营性的存款人有上述所列一至五项行为的,给予警告并处以 1000 元罚款;经营性的存款人有上述所列一至五项行为的,给予警告并处以 5000 元以上 3 万元以下的罚款;存款人有上述所列第六项行为的,给予警告并处以 1000 元的罚款。

第六十六条　银行在银行结算账户的开立中,不得有下列行为:

(一)违反本办法规定为存款人多头开立银行结算账户。

(二)明知或应知是单位资金,而允许以自然人名称开立账户存储。

银行有上述所列行为之一的,给予警告,并处以 5 万元以上 30 万元以下的罚款;对该银行直接负责的高级管理人员、其他直接负责的主管人员、直接责任人员按规定给予纪律处分;情节严重的,中国人民银行有权停止对其开立基本存款账户的核准,责令该银行停业整顿或者吊销经营金融业务许可证;构成犯罪的,移交司法机关依法追究刑事责任。

第六十七条　银行在银行结算账户的使用中,不得有下列行为:

(一)提供虚假开户申请资料欺骗中国人民银行许可开立基本存款账户、临时存款账户、预算单位专用存款账户。

(二)开立或撤销单位银行结算账户,未按本办法规定在其基本存款账户开户登记证上予以登记、签章或通知相关开户银行。

(三)违反本办法第四十二条规定办理个人银行结算账户转账结算。

(四)为储蓄账户办理转账结算。

(五)违反规定为存款人支付现金或办理现金存入。

(六)超过期限或未向中国人民银行报送账户开立、变更、撤销等资料。

银行有上述所列行为之一的,给予警告,并处以 5000 元以上 3 万元以下的罚款;对该银行直接负责的高级管理人员、其他直接负责的主管人员、直接责任人员按规定给予纪律处分;情节严重的,中国人民银行有权停止对其开立基本存款账户的核准,构成犯罪的,移交司法机关依法追究刑事责任。

第六十八条　违反本办法规定,伪造、变造、私自印制开户登记证的存款人,属非经营性的处以 1000 元罚款;属经营性的处以 1 万元以上 3 万元以下的罚款;构成犯罪的,移交司法机关依法追究刑事责任。

第七章 附 则

第六十九条 开户登记证由中国人民银行总行统一式样,中国人民银行各分行、营业管理部、省会(首府)城市中心支行负责监制。

第七十条 本办法由中国人民银行负责解释、修改。

第七十一条 本办法自 2003 年 9 月 1 日起施行。1994 年 10 月 9 日中国人民银行发布的《银行账户管理办法》同时废止。

附录 2 《现金管理暂行条例》

(1988 年 9 月 8 日中华人民共和国国务院令第 12 号发布。根据 2011 年 1 月 8 日《国务院关于废止和修改部分行政法规的决定》修订)

第一章 总 则

第一条 为改善现金管理,促进商品生产和流通,加强对社会经济活动的监督,制定本条例。

第二条 凡在银行和其他金融机构(以下简称开户银行)开立账户的机关、团体、部队、企业、事业单位和其他单位(以下简称开户单位),必须依照本条例的规定收支和使用现金,接受开户银行的监督。

国家鼓励开户单位和个人在经济活动中采取转账方式进行结算,减少使用现金。

第三条 开户单位之间的经济往来,除按本条例规定的范围可以使用现金外,应当通过开户银行进行转账结算。

第四条 各级人民银行应当严格履行金融主管机关的职责,负责对开户银行的现金管理进行监督和稽核。

开户银行依照本条例和中国人民银行的规定,负责现金管理的具体实施,对开户单位收支、使用现金进行监督管理。

第二章 现金管理和监督

第五条 开户单位可以在下列范围内使用现金:

(一)职工工资、津贴;

(二)个人劳务报酬;

(三)根据国家规定颁发给个人的科学技术、文化艺术、体育等各种奖金;

(四)各种劳保、福利费用以及国家规定的对个人的其他支出;

（五）向个人收购农副产品和其他物资的价款；

（六）出差人员必须随身携带的差旅费；

（七）结算起点以下的零星支出；

（八）中国人民银行确定需要支付现金的其他支出。

前款结算起点定为 1000 元。结算起点的调整，由中国人民银行确定，报国务院备案。

第六条　除本条例第五条第（五）（六）项外，开户单位支付给个人的款项，超过使用现金限额的部分，应当以支票或者银行本票支付；确需全额支付现金的，经开户银行审核后，予以支付现金。

前款使用现金限额，按本条例第五条第二款的规定执行。

第七条　转账结算凭证在经济往来中，具有同现金相同的支付能力。

开户单位在销售活动中，不得对现金结算给予比转账结算优惠待遇；不得拒收支票、银行汇票和银行本票。

第八条　机关、团体、部队、全民所有制和集体所有制企业事业单位购置国家规定的专项控制商品，必须采取转账结算方式，不得使用现金。

第九条　开户银行应当根据实际需要，核定开户单位 3 天至 5 天的日常零星开支所需的库存现金限额。

边远地区和交通不便地区的开户单位的库存现金限额，可以多于 5 天，但不得超过 15 天的日常零星开支。

第十条　经核定的库存现金限额，开户单位必须严格遵守。需要增加或者减少库存现金限额的，应当向开户银行提出申请，由开户银行核定。

第十一条　开户单位现金收支应当依照下列规定办理：

（一）开户单位现金收入应当于当日送存开户银行。当日送存确有困难的，由开户银行确定送存时间；

（二）开户单位支付现金，可以从本单位库存现金限额中支付或者从开户银行提取，不得从本单位的现金收入中直接支付（即坐支）。因特殊情况需要坐支现金的，应当事先报经开户银行审查批准，由开户银行核定坐支范围和限额。坐支单位应当定期向开户银行报送坐支金额和使用情况；

（三）开户单位根据本条例第五条和第六条的规定，从开户银行提取现金，应当写明用途，由本单位财会部门负责人签字盖章，经开户银行审核后，予以支付现金；

（四）因采购地点不固定，交通不便，生产或者市场急需，抢险救灾以及其他特殊情况必须使用现金的，开户单位应当向开户银行提出申请，由本单位财会部门负责人签字盖章，经开户银行审核后，予以支付现金。

第十二条　开户单位应当建立健全现金账目，逐笔记载现金支付。账目应当日清月结，账款相符。

第十三条　对个体工商户、农村承包经营户发放的贷款，应当以转账方式支付。对确需在集市使用现金购买物资的，经开户银行审核后，可以在贷款金额内支付现金。

第十四条　在开户银行开户的个体工商户、农村承包经营户异地采购所需货款,应当通过银行汇兑方式支付。因采购地点不固定,交通不便必须携带现金的,由开户银行根据实际需要,予以支付现金。

未在开户银行开户的个体工商户、农村承包经营户异地采购所需货款,可以通过银行汇兑方式支付。凡加盖"现金"字样的结算凭证,汇入银行必须保证支付现金。

第十五条　具备条件的银行应当接受开户单位的委托,开展代发工资、转存储蓄业务。

第十六条　为保证开户单位的现金收入及时送存银行,开户银行必须按照规定做好现金收款工作,不得随意缩短收款时间。大中城市和商业比较集中的地区,应当建立非营业时间收款制度。

第十七条　开户银行应当加强柜台审查,定期和不定期地对开户单位现金收支情况进行检查,并按规定向当地人民银行报告现金管理情况。

第十八条　一个单位在几家银行开户的,由一家开户银行负责现金管理工作,核定开户单位库存现金限额。

各金融机构的现金管理分工,由中国人民银行确定。有关现金管理分工的争议,由当地人民银行协调、裁决。

第十九条　开户银行应当建立健全现金管理制度,配备专职人员,改进工作作风,改善服务设施。现金管理工作所需经费应当在开户银行业务费中解决。

第三章　法律责任

第二十条　开户单位有下列情形之一的,开户银行应当依照中国人民银行的规定,责令其停止违法活动,并可根据情节轻重处以罚款:

(一)超出规定范围、限额使用现金的;

(二)超出核定的库存现金限额留存现金的。(2011年1月8日删除)

第二十一条　开户单位有下列情形之一的,开户银行应当依照中国人民银行的规定,予以警告或者罚款;情节严重的,可在一定期限内停止对该单位的贷款或者停止对该单位的现金支付:

(一)对现金结算给予比转账结算优惠待遇的;

(二)拒收支票、银行汇票和银行本票的;

(三)违反本条例第八条规定,不采取转账结算方式购置国家规定的专项控制商品的;

(四)用不符合财务会计制度规定的凭证顶替库存现金的;

(五)用转账凭证套换现金的;

(六)编造用途套取现金的;

(七)互相借用现金的;

(八)利用账户替其他单位和个人套取现金的;

(九)将单位的现金收入按个人储蓄方式存入银行的;

(十)保留账外公款的;

(十一)未经批准坐支或者未按开户银行核定的坐支范围和限额坐支现金的。 (2011 年 1 月 8 日删除)

第二十二条　开户单位对开户银行作出的处罚决定不服的,必须首先按照处罚决定执行,然后可在 10 日内向开户银行的同级人民银行申请复议。同级人民银行应当在收到复议申请之日起 30 日内作出复议决定。开户单位对复议决定不服的,可以在收到复议决定之日起 30 日内向人民法院起诉。(2011 年 1 月 8 日删除)

第二十三条　银行工作人员违反本条例规定,徇私舞弊、贪污受贿、玩忽职守纵容违法行为的,应当根据情节轻重,给予行政处分和经济处罚;构成犯罪的,由司法机关依法追究刑事责任。

第四章　附　则

第二十四条　本条例由中国人民银行负责解释;施行细则由中国人民银行制定。

第二十五条　本条例自 1988 年 10 月 1 日起施行。1977 年 11 月 28 日发布的《国务院关于实行现金管理的决定》同时废止。

附录3　《会计档案管理办法》

(《会计档案管理办法》经财政部部务会议、国家档案局局务会议修订通过,自 2016 年 1 月 1 日起施行)

第一条　为了加强会计档案管理,有效保护和利用会计档案,根据《中华人民共和国会计法》《中华人民共和国档案法》等有关法律和行政法规,制定本办法。

第二条　国家机关、社会团体、企业、事业单位和其他组织(以下统称单位)管理会计档案适用本办法。

第三条　本办法所称会计档案是指单位在进行会计核算等过程中接收或形成的,记录和反映单位经济业务事项的,具有保存价值的文字、图表等各种形式的会计资料,包括通过计算机等电子设备形成、传输和存储的电子会计档案。

第四条　财政部和国家档案局主管全国会计档案工作,共同制定全国统一的会计档案工作制度,对全国会计档案工作实行监督和指导。

县级以上地方人民政府财政部门和档案行政管理部门管理本行政区域内的会计档案工作,并对本行政区域内会计档案工作实行监督和指导。

第五条　单位应当加强会计档案管理工作,建立和完善会计档案的收集、整理、保管、利用和鉴定销毁等管理制度,采取可靠的安全防护技术和措施,保证会计档案的真实、完整、可用、安全。

单位的档案机构或者档案工作人员所属机构(以下统称单位档案管理机构)负责管理本单位的会计档案。单位也可以委托具备档案管理条件的机构代为管理会计档案。

第六条　下列会计资料应当进行归档:

(一)会计凭证,包括原始凭证、记账凭证;

(二)会计账簿,包括总账、明细账、日记账、固定资产卡片及其他辅助性账簿;

(三)财务会计报告,包括月度、季度、半年度、年度财务会计报告;

(四)其他会计资料,包括银行存款余额调节表、银行对账单、纳税申报表、会计档案移交清册、会计档案保管清册、会计档案销毁清册、会计档案鉴定意见书及其他具有保存价值的会计资料。

第七条　单位可以利用计算机、网络通信等信息技术手段管理会计档案。

第八条　同时满足下列条件的,单位内部形成的属于归档范围的电子会计资料可仅以电子形式保存,形成电子会计档案:

(一)形成的电子会计资料来源真实有效,由计算机等电子设备形成和传输;

(二)使用的会计核算系统能够准确、完整、有效接收和读取电子会计资料,能够输出符合国家标准归档格式的会计凭证、会计账簿、财务会计报表等会计资料,设定了经办、审核、审批等必要的审签程序;

(三)使用的电子档案管理系统能够有效接收、管理、利用电子会计档案,符合电子档案的长期保管要求,并建立了电子会计档案与相关联的其他纸质会计档案的检索关系;

(四)采取有效措施,防止电子会计档案被篡改;

(五)建立电子会计档案备份制度,能够有效防范自然灾害、意外事故和人为破坏的影响;

(六)形成的电子会计资料不属于具有永久保存价值或者其他重要保存价值的会计档案。

第九条　满足本办法第八条规定条件,单位从外部接收的电子会计资料附有符合《中华人民共和国电子签名法》规定的电子签名的,可仅以电子形式归档保存,形成电子会计档案。

第十条　单位的会计机构或会计人员所属机构(以下统称单位会计管理机构)按照归档范围和归档要求,负责定期将应当归档的会计资料整理立卷,编制会计档案保管清册。

第十一条　当年形成的会计档案,在会计年度终了后,可由单位会计管理机构临时保管一年,再移交单位档案管理机构保管。因工作需要确需推迟移交的,应当经单位档案管理机构同意。

单位会计管理机构临时保管会计档案最长不超过三年。临时保管期间,会计档案的保管应当符合国家档案管理的有关规定,且出纳人员不得兼管会计档案。

第十二条　单位会计管理机构在办理会计档案移交时,应当编制会计档案移交清册,并按照国家档案管理的有关规定办理移交手续。

纸质会计档案移交时应当保持原卷的封装。电子会计档案移交时应当将电子会计档案及其元数据一并移交,且文件格式应当符合国家档案管理的有关规定。特殊格式的电子会计档案应当与其读取平台一并移交。

单位档案管理机构接收电子会计档案时,应当对电子会计档案的准确性、完整性、可用性、安全性进行检测,符合要求的才能接收。

第十三条　单位应当严格按照相关制度利用会计档案,在进行会计档案查阅、复制、借出时履行登记手续,严禁篡改和损坏。

单位保存的会计档案一般不得对外借出。确因工作需要且根据国家有关规定必须借出的,应当严格按照规定办理相关手续。

会计档案借用单位应当妥善保管和利用借入的会计档案,确保借入会计档案的安全完整,并在规定时间内归还。

第十四条　会计档案的保管期限分为永久、定期两类。定期保管期限一般分为10年和30年。

会计档案的保管期限,从会计年度终了后的第一天算起。

第十五条　各类会计档案的保管期限原则上应当按照本办法附表执行,本办法规定的会计档案保管期限为最低保管期限。

单位会计档案的具体名称如有同本办法附表所列档案名称不相符的,应当比照类似档案的保管期限办理。

第十六条　单位应当定期对已到保管期限的会计档案进行鉴定,并形成会计档案鉴定意见书。经鉴定,仍需继续保存的会计档案,应当重新划定保管期限;对保管期满,确无保存价值的会计档案,可以销毁。

第十七条　会计档案鉴定工作应当由单位档案管理机构牵头,组织单位会计、审计、纪检监察等机构或人员共同进行。

第十八条　经鉴定可以销毁的会计档案,应当按照以下程序销毁:

(一)单位档案管理机构编制会计档案销毁清册,列明拟销毁会计档案的名称、卷号、册数、起止年度、档案编号、应保管期限、已保管期限和销毁时间等内容。

(二)单位负责人、档案管理机构负责人、会计管理机构负责人、档案管理机构经办人、会计管理机构经办人在会计档案销毁清册上签署意见。

(三)单位档案管理机构负责组织会计档案销毁工作,并与会计管理机构共同派员监销。监销人在会计档案销毁前,应当按照会计档案销毁清册所列内容进行清点核对;在会计档案销毁后,应当在会计档案销毁清册上签名或盖章。

电子会计档案的销毁还应当符合国家有关电子档案的规定,并由单位档案管理机构、会计管理机构和信息系统管理机构共同派员监销。

第十九条 保管期满但未结清的债权债务会计凭证和涉及其他未了事项的会计凭证不得销毁,纸质会计档案应当单独抽出立卷,电子会计档案单独转存,保管到未了事项完结时为止。

单独抽出立卷或转存的会计档案,应当在会计档案鉴定意见书、会计档案销毁清册和会计档案保管清册中列明。

第二十条 单位因撤销、解散、破产或其他原因而终止的,在终止或办理注销登记手续之前形成的会计档案,按照国家档案管理的有关规定处置。

第二十一条 单位分立后原单位存续的,其会计档案应当由分立后的存续方统一保管,其他方可以查阅、复制与其业务相关的会计档案。

单位分立后原单位解散的,其会计档案应当经各方协商后由其中一方代管或按照国家档案管理的有关规定处置,各方可以查阅、复制与其业务相关的会计档案。

单位分立中未结清的会计事项所涉及的会计凭证,应当单独抽出由业务相关方保存,并按照规定办理交接手续。

单位因业务移交其他单位办理所涉及的会计档案,应当由原单位保管,承接业务单位可以查阅、复制与其业务相关的会计档案。对其中未结清的会计事项所涉及的会计凭证,应当单独抽出由承接业务单位保存,并按照规定办理交接手续。

第二十二条 单位合并后原各单位解散或者一方存续其他方解散的,原各单位的会计档案应当由合并后的单位统一保管。单位合并后原各单位仍存续的,其会计档案仍应当由原各单位保管。

第二十三条 建设单位在项目建设期间形成的会计档案,需要移交给建设项目接受单位的,应当在办理竣工财务决算后及时移交,并按照规定办理交接手续。

第二十四条 单位之间交接会计档案时,交接双方应当办理会计档案交接手续。

移交会计档案的单位,应当编制会计档案移交清册,列明应当移交的会计档案名称、卷号、册数、起止年度、档案编号、应保管期限和已保管期限等内容。

交接会计档案时,交接双方应当按照会计档案移交清册所列内容逐项交接,并由交接双方的单位有关负责人负责监督。交接完毕后,交接双方经办人和监督人应当在会计档案移交清册上签名或盖章。

电子会计档案应当与其元数据一并移交,特殊格式的电子会计档案应当与其读取平台一并移交。档案接受单位应当对保存电子会计档案的载体及其技术环境进行检验,确保所接收电子会计档案的准确、完整、可用和安全。

第二十五条 单位的会计档案及其复制件需要携带、寄运或者传输至境外的,应当按照国家有关规定执行。

第二十六条 单位委托中介机构代理记账的,应当在签订的书面委托合同中,明确会计档案的管理要求及相应责任。

第二十七条 违反本办法规定的单位和个人,由县级以上人民政府财政部门、档案行政管理部门依据《中华人民共和国会计法》《中华人民共和国档案法》等法律法规处理处罚。

第二十八条　预算、计划、制度等文件材料,应当执行文书档案管理规定,不适用本办法。

第二十九条　不具备设立档案机构或配备档案工作人员条件的单位和依法建账的个体工商户,其会计档案的收集、整理、保管、利用和鉴定销毁等参照本办法执行。

第三十条　各省、自治区、直辖市、计划单列市人民政府财政部门、档案行政管理部门,新疆生产建设兵团财务局、档案局,国务院各业务主管部门,中国人民解放军总后勤部,可以根据本办法制定具体实施办法。

第三十一条　本办法由财政部、国家档案局负责解释,自 2016 年 1 月 1 日起施行。1998 年 8 月 21 日财政部、国家档案局发布的《会计档案管理办法》(财会字〔1998〕32 号)同时废止。

附表:

1. 企业和其他组织会计档案保管期限表

2. 财政总预算、行政单位、事业单位和税收会计档案保管期限表

附表1　企业和其他组织会计档案保管期限表

序号	档案名称	保管期限	备注
一	会计凭证		
1	原始凭证	30 年	
2	记账凭证	30 年	
二	会计账簿		
3	总账	30 年	
4	明细账	30 年	
5	日记账	30 年	
6	固定资产卡片		固定资产报废清理后保管 5 年
7	其他辅助性账簿	30 年	
三	财务会计报告		
8	月度、季度、半年度财务会计报告	10 年	
9	年度财务会计报告	永久	
四	其他会计资料		
10	银行存款余额调节表	10 年	
11	银行对账单	10 年	
12	纳税申报表	10 年	
13	会计档案移交清册	30 年	
14	会计档案保管清册	永久	
15	会计档案销毁清册	永久	
16	会计档案鉴定意见书	永久	

附表2　财政总预算、行政单位、事业单位和税收会计档案保管期限表

序号	档案名称	保管期限			备注
		财政总预算	行政单位事业单位	税收会计	
一	会计凭证				
1	国家金库编送的各种报表及缴库退库凭证	10年		10年	
2	各收入机关编送的报表	10年			
3	行政单位和事业单位的各种会计凭证		30年		包括:原始凭证、记账凭证和传票汇总表
4	财政总预算拨款凭证和其他会计凭证	30年			包括:拨款凭证和其他会计凭证
二	会计账簿				
5	日记账		30年	30年	
6	总账	30年	30年	30年	
7	税收日记账(总账)			30年	
8	明细分类、分户账或登记簿	30年	30年	30年	
9	行政单位和事业单位固定资产卡片				固定资产报废清理后保管5年
三	财务会计报告				
10	政府综合财务报告	永久			下级财政、本级部门和单位报送的保管2年
11	部门财务报告		永久		所属单位报送的保管2年
12	财政总决算	永久			下级财政、本级部门和单位报送的保管2年
13	部门决算		永久		所属单位报送的保管2年
14	税收年报(决算)			永久	
15	国家金库年报(决算)	10年			
16	基本建设拨、贷款年报(决算)	10年			
17	行政单位和事业单位会计月、季度报表		10年		所属单位报送的保管2年
18	税收会计报表			10年	所属税务机关报送的保管2年
四	其他会计资料				
19	银行存款余额调节表	10年	10年		
20	银行对账单	10年	10年	10年	
21	会计档案移交清册	30年	30年	30年	
22	会计档案保管清册	永久	永久	永久	
23	会计档案销毁清册	永久	永久	永久	
24	会计档案鉴定意见书	永久	永久	永久	

注:税务机关的税务经费会计档案保管期限,按行政单位会计档案保管期限规定办理。